Casanova
(1725-1798)

Nasceu Giovanni Giacomo Casanova em Veneza em abril de 1725, filho de ator. Freqüentou na juventude seminário do qual foi expulso. Aos vinte anos tocava violino como profissional. Entrou para a maçonaria em Lion (1750). Passou dois anos em Paris, percorrendo depois Dresen, Praga e Viena. Acusado de feitiçaria (1755), é condenado a cinco anos de prisão; foge espetacularmente um ano depois. Viaja pela Holanda, Alemanha, Suiça, França, Florença, Londres, Varsóvia. Novamente fugido, vai para a Espanha. Atua como espião da Inquisição em Veneza. De 1786 até morrer (1798), trabalha como bibliotecário do Conde de Waldstein e escreve suas *Memórias, Icosameron,* e outras obras.

Giovanni Giacomo
Casanova

Comentário literal sobre os três primeiros capítulos do *Gênesis*

•

Tradução de
Maria Lúcia Machado

ISBN: 85-7480-102-X

2002

Ateliê Editorial
Rua Manuel Pereira Leite, 15
06709-280 - Granja Viana
Cotia - SP - Brasil
Telefax: (0xx11) 4612 9666

•

Oficina do Livro Rubens Borba de Moraes
Caixa Postal 19022 - 04505-970 - SP-SP
Fonefax: (0xx11) 5571 5830
e-mail: giordanoeditor@hotmail.com

Índice

Apresentação 9

Comentário literal sobre os três
primeiros capítulos do *Gênesis*

Ao bom leitor 13
Capítulo primeiro
   Versículos 1, 2, 3, 4, 5 19
   Segundo dia da Criação
   Versículos 6, 7, 8 30
   Terceiro dia da Criação
   Versículos 9, 10, 11, 12, 13 34
   Quarto dia da Criação
   Versículos 14, 15, 16, 17, 18, 19 37
   Quinto dia da Criação
   Versículos 20, 21, 22, 23 41
   Sexto dia da Criação
   Versículos 24, 25, 26, 27, 28, 29, 30, 3 .. 43
Capítulo segundo
   Versículos 1, 2, 3 57
   Versículos 4, 5, 6 59
   Versículo 7 67
   Versículos 8, 9, 10, 11, 12, 13, 14 68
   Versículos 15, 16, 17 75

Versículos 18, 19, 20 78
Versículos 21, 22, 23, 24, 25 82
Capítulo terceiro
Versículos 1, 2, 3, 4, 5 88
Versículos 6, 7 94
Versículos 8, 9, 10, 11, 12 97
Versículos 13, 14, 15, 16 100
Versículos 17, 18, 19, 20 104
Versículos 21, 22, 23, 24 106

Apêndice

Casanova na *Enciclopoedia Britannica* 123
Casanova por Stefan Zweig 124
Casanova por Havelock Ellis 132
As *Memórias* de Casanova no Brasil 135
Trecho das *Memórias* de Casanova 139

●

Apresentação

Em algum momento soubemos que Giovanni Giacomo Casanova escrevera novela fantástica, embrião mais tarde para a ficção científica de Júlio Verne e H. G. Wells. Trazia o estranho nome de *Icosameron* — e como explicação — *História de Eduardo e Elisabete, que passaram 81 anos com os Megamicros, habitantes aborígines do Protocosmo, no interior de nosso globo*. Enganosamente acrescentava: *traduzido do inglês por Giacomo Casanova*.

Segundo a *Enciclopédia Britânica* essa novela de aventura fantástica é uma das obras mais interessantes de Casanova. Stefan Zweig, em contrapartida, abre seu ensaio biográfico do autor, dizendo que é preciso ser asno e cordeiro a um só tempo para se ler até o fim o *Icosameron*.

Os cinco volumes do livro publicaram-se pela primeira vez em 1788, em Praga. Houve reedição em 1928, fac-similada por Éditions d'Aujourd'hui em 1987, também em cinco volumes. No ano seguinte, François Borin, Paris, editou a obra em um volume, amputada, porém, da Dedicatória ao Conde de Waldstein e da Dissertação sobre os capítulos I a III do *Gênesis*, que abrem o volume I.

Não sei se leva razão o verbete da *Britânica*, ao rotular de interessante essa ficção de Casanova, ou se merece fé a opinião estomagada e aparentemente preconcebida de Zweig: ainda não li a novela. Distraíram-me de sobejo os comentários do autor ao *Gênesis* em sustentação de sua fantasia. Querendo repartir o prazer com os leitores, obtive a generosidade de Maria Lúcia Machado que não mediu esforços para achar tempo entre seus pesados compromissos profissionais e realizar graciosamente para a Oficina do Livro Rubens Borba de Moraes a tradução que ora publicamos, com a participação honrosa de Ateliê Editorial.

Abstenho-me de adjetivar o arrazoado de Casanova. Além de divertimento, serviu ele para convencer-me de quão estereotipada é a imagem que comumente nos chega de seu autor. Sentira isso à leitura do citado ensaio biográfico, em que o autor alemão estabelece uma tese e faz das tripas coração para sustentá-la, sem conseguir, todavia, esconder sua admiração pelo incrível biografado.

Em apêndice se encontra ao cabo desta brochura extrato do trabalho de Zweig, juntamente com citação do verbete da *Britânica* e de trecho da Nota Editorial da tradução brasileira das *Memórias*, da qual, a título de ilustração, inclui-se ainda rápida passagem.

Cláudio Giordano

Comentário literal sobre os três primeiros capítulos do *Gênesis*

Gloria Dei est celare verbum, et gloria regis investigare sermonem.

Salomão

JCOSAMERON

OU

HISTOIRE

D'EDOUARD,

ET

D'ELISABETH

qui passèrent quatre vingts un ans chez les Mégamicres habitans aborigènes du Protocosme dans l' intérieur de notre globe, traduite de l' anglois par

JACQUES CASANOVA

DE SEINGALT VENITIEN

Docteur ès loix Bibliothécaire de Monsieur le comte de Waldstein seigneur de Dux Chambellan de S. M. J. R. A.

A Prague à l'imprimerie de l' école normale.

Ao bom leitor

Tudo é verdade na santa escritura; mas as verdades que ela nos diz não se referem à fé. As que se referem à fé nos foram confirmadas pela Igreja, e são sagradas; não se pode tocar nelas sem crime. As que se referem à história e à razão estão sujeitas à interpretação, e os que pensam ter chegado a concebê-las melhor do que foram concebidas por diferentes comentadores podem sem nenhum escrúpulo as expor ao julgamento dos leitores cristãos, mas sempre modestamente, pois me parece impossível que se possa ter êxito em bem traduzir o menor fato do santo livro sem antes se despojar do toda espécie de orgulho. Santo Agostinho diz: *Nonnulla verba scripturarum obscuritate sua hoc profuerunt, quod multas intelligentias pepererunt.*

A diferença entre o gênio da língua de Moisés e o gênio de todas as outras línguas torna a Bíblia o mais difícil de todos os livros para a tradução. É incontestável que o melhor de seus comentadores será o mais literal, pois a palavra é o fundamento de todos os sentidos que podemos encontrar em todos os fatos sobre os quais a Bíblia nos quer instruir. Jamais se deve afastar-se dela quando o menor arbítrio poderia introduzir alguma alteração na matéria ou no objeto que o sensato e fiel intérprete deve tornar sempre mais claro e mais fácil à inteligência do leitor; ele jamais deve fazer tornar-se prodigioso ou maravilhoso o que é natural, nem difícil o que é fácil; e deve acima de tudo ser exato na fiel repetição do mesmo termo quando o original o repete, pois o sinônimo é perigoso.

Não sou teólogo de profissão, por isso escrevo sem pretensão e com toda a tranqüilidade que se deve ter quando se quer discutir uma questão para estabelecer uma verdade teológica. Sou um filósofo e, chamando-me assim, pretendo me humilhar como o pretendiam Pitágoras e Platão. Sou católico romano e, malgrado *insaniente sapientia*, quero morrer como tal: por conseguinte, sou da opinião de minha igreja sobre tudo que se encontra na escritura referente aos nossos mistérios, sem deixar de me crer senhor de seguir as luzes de minha razão sobre as outras verdades de que a palavra de Deus nos dá conta abandonando-as à nossa inteligência. O terceiro capítulo do Eclesiastes contém minha doutrina, e faz não apenas minha apologia, mas a de todos os cristãos honestos que não são rancorosos nem supersticiosos, nem *aegroti veteros*. São Jerônimo escreve a santo Agostinho *et in commentariis secundum omnium consuetudinem varias ponere explanationes, ut ex multis sequatur unusquisque, quod vult*. A verdade em matéria de história é uma só: vários daqueles que a buscam morrem sem a ter encontrado, e os que crêem tê-la descoberto podem felicitar-se por isso, mas sem pretender triunfar: é uma divindade que para ser igual a um Deus não tem necessidade de ser adorada: felizes os que, depois de a ter percebido, reconhecem-na, e infelizes os que adotam o erro; mas não é dado nem a uns nem a outros gozar da certeza enquanto o espírito encontra-se envolto na espessa matéria que o embota e oprime.

Escrevi este comentário não para provar que a história do mundo interior é verdadeira; mas para convencer os cristãos de que pode sê-lo no que tange à escritura santa. No que se refere às objeções que me poderão fazer vários doutos físicos, não me atormento com isso, pois os espero a pé firme. Eis do que se trata. Um jovem inglês e sua irmã caíram no interior de nosso globo, distante de nossa superfície 92 milhas inglesas e meia em distância média, pois não sendo exata a rotundidade da terra, essa distância deve variar em relação ao mundo interior, cuja esfericidade é perfeita. Essas duas pessoas encontraram ali um mundo iluminado por um astro, mundo bem digno de ser preferido a esta pobre superfície, exílio de Adão onde rastejamos, herdeiros de sua falta e de suas penas. Eles encontraram aquele mundo habitado por uma raça de homens inteiramente diferente da nossa em natureza, em forma, em costumes; mas homens, pois dotados da faculdade chamada razão, a única que distingue o homem do animal. Meu projeto, portanto, é o de demonstrar que não há nada na escritura santa que possa provar a improbabilidade desse mundo nem desse gênero humano: mas isso não me basta. Semelhante a um guerreiro que, cansado de se ter mantido muito tempo na defesa, quer por sua vez obrigar seu adversário a defender-se, quero provar que, no *Gênesis* mesmo, lêem-se passagens que podem persuadir vários bons leitores de que nosso globo foi criado por Deus habitável principalmente em sua bela concavidade interior, e de que seus felizes habitantes, que a obra chama *megamicros*, podem ser os descendentes do casal homem que Deus criou ao mesmo tempo macho e fêmea no sexto dia da criação; o qual homem não foi Adão.

Leitor, não vos alarmeis. Preparai-vos, por bondade, para ler meu comentário com um espírito de paz, e imparcial. Esse mundo interior será, talvez, o paraíso terrestre, e os *megamicros* não serão de modo algum os pré-adamitas que são Clemente de Alexandria acreditou que se podiam admitir, nem os do Peirera que a Igreja sensatamente proscreveu. Não espereis sofisticarias, alterações de texto e, menos ainda, falsas citações, pois sou homem honesto por caráter e, pela graça de Deus, cristão submisso à Igreja romana: sou velho, impregnado da leitura dos comentadores, como vou dar-vos uma pequena prova.

Sede indulgentes com meu estilo; mas não tenhais nenhuma piedade de meu julgamento nem de minha dialética: condenai-me com indignação se me achardes capcioso ou de má-fé. Lembrai-vos, repito-o, de que não pretendo provar a verdade, mas a verossimilhança das proposições que enuncio e de que, bem longe de aspirar à glória vã de as impor aos sábios, ouso pôr minhas luzes a seus pés, certo de que não atrairei nem as censuras da Igreja, da qual quero sempre depender, nem a reprovação de nenhum colégio de teologia respeitável. A novidade de minhas interpretações não fará ninguém rir, pois o que escrevo não é feito para andar sob os olhos da ignorância.

Rogo aos que são a causa de que exponha este comentário ao publico que estejam convencidos de que aquilo que me anima não é nem um espírito de vingança, nem um fumo de orgulho, mas um desejo sincero de ver meus caríssimos irmãos em Deus libertos de certos entraves que põem, por um falso zelo de Religião, limites danosos à bela luz de sua razão.

Capítulo primeiro
Versículos 1, 2, 3, 4, 5

No começo Deus criou os céus e a terra. A terra era informe, e de nenhuma importância, e as trevas estavam sobre a superfície do abismo, e o espírito de Deus incubava sobre a superfície das águas. Então Deus disse: surja Luz: e a Luz surgiu. E Deus viu que essa luz era boa; e separou essa luz das trevas. E Deus chamou a luz dia e as trevas noite; e de noite e manhã foi feito o primeiro dia.

A palavra *criou* quer dizer que Deus deu ao nosso universo uma forma que ele não tinha. Pode-se mesmo dizer que não tinha nenhuma. Tal é a significação da palavra hebraica *bara* e, para que a entendamos nessa acepção, o Espírito Santo nos diz no versículo seguinte que essa terra que Deus *criou* era, antes dessa criação, informe e de nenhum valor ou importância. O hebreu diz *Tohu-bohu*: os poetas antigos disseram muito bem Caos. O profeta Jeremias serve-se dessas mesmas palavras para denotar uma província que os inimigos destruíram. A matéria existia, portanto, antes da criação. Santo Ambrósio e são Basílio, em seu *Hexameron*, e quase todos os santos pais dizem que Deus criou tudo em um instante. Essa asserção não dá um desmentido à criação sucessiva detalhada por Moisés, que a narra gradualmente para dar a seu povo grosseiro uma idéia de ordem, e para insinuar-lhe o respeito que se devia ao sétimo dia.

Para traduzir ao pé da letra a versão hebraica desse primeiro versículo, seria preciso escrever *os Deuses criou* (אלהים ברא), mas todo o mundo soube e sabe que esse é um erro comum do estilo hebraico. Nenhum dos santos pais jamais imaginou servir-se desse barbarismo para fornecer um argumento em favor da crença no mistério da santíssima Trindade. As provas que dele temos vêm de fontes puras. Os que, para demonstrar a verdade desse grande mistério, fizeram o *Gênesis* dizer *Deus criaram* proferiram uma mentira, e é absurdo querer provar a verdade, que é toda Deus, pelo testemunho da mentira.

A sabedoria da maior parte dos santos

padres encontrou a Trindade de Deus nos dois primeiros versículos *Deuses, Começo, Espírito de Deus*: é uma interpretação piedosa, na qual a veneração não permite que os críticos encontrem defeitos. *Todo o universo estava cheio de trevas, e o Espírito de Deus incubava sobre a superfície das águas*. Incubava é a tradução literal: é metafórica como a da *Vulgata* que diz que ele pairava; o entendimento concebe o que o santo legislador quer dizer, e é o bastante. Sendo Deus imenso e puro espírito, devia estar igualmente em toda parte: mas Moisés falava a cabeças que tinham sempre necessidade de imagens materiais. *Deus ordenou à luz que surgisse, e ela surgiu*. Essa ordem é um ato da vontade do Todo-poderoso. O sublime dessas palavras foi observado por todo o mundo: ele dá a verdadeira idéia da onipotência; no-la faz ver em seu divino laconismo: faz-nos perceber o instante no qual tudo pode ter sido criado. Desde que Moisés nos disse que a luz surgiu, parece temer que imaginemos que ele a tenha criado do *nada*; como bom físico, não nos quer induzir em erro; pois *do nada não se sabe nada*: diz-nos claramente que ele separou a luz das trevas, e a chamou dia e as trevas, noite e que, assim, de noite e manhã foi composto o primeiro dia. Se as trevas precederam a luz, o sábio escritor tem razão de fazer começar o dia pela noite.

Moisés, ao nos comunicar que Deus fez a luz fazendo-a sair das trevas, que nos apresenta, como é justo, incriadas, nos quer fazer conhecer que não fala da luz do Sol, pois Deus o criou apenas no quarto dia, e não podemos supor no divino legislador uma inadvertência tão grosseira. Podemos crer que Moisés, segundo seu sistema de física, acreditava que a luz estava no ar; mas que era preciso não menos que uma ordem da onipotência para a separar dele. Se é verdade que a ordem da criação sucessiva seja do gênio de Moisés, não acho inverossímil que ele tenha tido esse sistema, pois embora não me sinta levado a adotá-lo, não me parece de modo algum absurdo. Observemos que o santo profeta reconhece tacitamente que, se é verdade que a luz possa ser separada das trevas, é-lhe necessário o magistério de um Deus. Poderíamos nós conceber a coisa possível se Moisés tivesse dito que Deus começou por criar as trevas? Creio que não; pois uma criação de trevas nos obrigaria a imaginar que antes de sua criação a luz existia, ou que não havia *nada*; e *nada* em física não pode ser pressuposto, pois não pode ser concebido.

Universo, matéria, movimento e vácuo constituem quatro idéias progressivas como os quatro primeiros elos de uma grande cadeia que abarca toda a natureza: elas vêm da primeira de todas as idéias necessárias: essa idéia é *existência*. Não é o vácuo que a natureza abomina, como os peripatéticos diziam, mas o *nada*. O *nada* é impossível: é impossível ter uma idéia dele, nem mesmo abstrata: não se pode concebê-lo; ele jamais pode ter existido; e Deus mesmo não pode fazer o *nada*, pois a palavra *fazer* importa alguma coisa, e *nada* não é outra coisa que não *nada*. Quando a santa escritura diz *nada*, entende a privação de forma e de atividade. Moisés jamais nos representa Deus criando que não se servindo de alguma matéria informe. Ele tomou pó para criar Adão, e alguma coisa do corpo de Adão para criar Eva.

Podemos portanto dizer ousadamente, sem receio de ofender Deus nem os homens, nem de ser censurados pela igreja, que Deus seria realmente senhor de reduzir o universo ao caos em que estava antes da criação, mas não a *nada*. Podemos desafiar a mais profunda filosofia a definir-nos o *nada* de maneira a nos fazer compreender que ele podia existir, pois desde que admitimos sua existência deixará de ser *nada*. Um bom filósofo disse que se pode comparar o *nada* à visibilidade das trevas supostamente universais; as trevas preexistentes universais, diz ele, devem ter sido a privação total de luz: a razão e o entendimento as concebem, mas não visíveis, pois como se poderia vê-las sem luz? À sua presença, elas deveriam desaparecer. O *nada* desaparece igualmente ao exame que o entendimento do homem pretende fazer da possibilidade de sua existência. O meio de seu desaparecimento é o de permanecer *impossibilidade de inexistência*.

Nessa demonstração da pura razão, dessa divina razão que nos qualifica de homens semelhantes a Deus, encontramo-nos atingidos por uma conseqüência que tem um aspecto surpreendente. Ei-la. *A matéria é portanto infinita e coeterna a Deus?* É preciso passar por aí: ela o é e jamais deixará de sê-lo: jamais teve começo e jamais terá fim. Essa verdade impressionante não passa, porém, de um vão espantalho, pois não deve nem pode diminuir em nenhum ponto a glória do criador nem o menor de seus divinos atributos. Deus, em toda a grandeza de sua natureza e de todas as suas qualidades soberanas, não tem necessidade de que recorramos a um impossível para o contemplar e prestar-lhe a homenagem de adoração que exige. A coeternidade da matéria não pode degradá-lo: é impossível supor-lhe a criação sem pressupor o nada; o nada não pode ser imaginado, portanto a matéria é incriada. Mas, dizem alguns teólogos, como se pode dar a Deus um companheiro, um co-princípio, que o próprio Deus não poderia definir, pois não é possível definir bem alguma coisa sem a compreender perfeitamente e, para compreendê-la perfeitamente, é preciso conhecer-lhe o princípio; e se a matéria é coeterna a Deus, não teve um começo e, por conseguinte, deveria ser incompreensível e indefinível a Deus mesmo; e isso limitaria a ciência divina, que não poderia mais ser afirmada infinita. Falsa conseqüência, respondemos nós, que vem de um raciocínio preocupado com falsas suposições. Para bem definir um objeto, é preciso conhecer-lhe o começo; concedo-o, se o objeto teve um; mas a matéria não o teve, e deverá portanto ser definida sem começo; e, embora indefinível para nós, não o será para Deus, que, não podendo conhecer seu próprio começo, deve ter conhecido a matéria desde a eternidade. As palavras *dois princípios* apresentam um fantasma que pode alarmar apenas o entendimento de um mau filósofo, pois é uma mentira.

Não há senão um único princípio, e esse princípio é um Deus imaterial, inteligente, todo-poderoso, sempre agente, todo em si próprio, e a matéria não pode ser chamada princípio, pois não tem vontade. A matéria, embora independente em relação às suas qualidades e à sua própria natureza, não tem outra atividade que não aquela que a onipotência do espírito inteligente quer conceder-lhe. Ela não é outra coisa senão o *nada* que existia antes da criação. Pode-se dar o nome de princípio ao *nada*? A existência do caos foi uma dificuldade para Moisés? A matéria começou a poder ser considerada como alguma coisa apenas na criação; e o criador é Deus. *Omnia simul erant, accessit mens, eaque composuit*. Essa *mens* de Anaxágoras não é uma de suas *homeomerias*, é Deus. Santo Agostinho mesmo cita esse grande filósofo. Aristóteles também diz que a matéria não pode nada sem a causa eficiente. Se a matéria universal antes da criação existia sem nenhum movimento, isso só podia ser um efeito da onipotência de Deus. Segundo Platão, a criação não é outra coisa que não a ordem que o criador pôs na irregularidade do movimento. Tertuliano, são Clemente de Alexandria, santo Agostinho, Teodoreto e vários outros estão divididos quanto a isso. Mas nenhum deles atribui um começo à matéria.

Toda matéria, em boa física, é dependente de seu espírito natural: esse espírito é agente por si próprio; mas não se pode chamá-lo inteligência, pois inteligência supõe vontade. O espírito da matéria, portanto, não pode ter tido mais que efeitos necessários, nos quais a filosofia não poderia observar nenhuma ordem que pudesse fazer julgar que a causa desses efeitos devesse ser inteligente. Entre esses efeitos da matéria, que o homem contempla, encontra-se ele próprio: ele se examina e se reconhece inteligente. Diz imediatamente: sou um efeito da matéria e me acho inteligente, embora a inteligência não seja uma qualidade da matéria: sou, portanto, uma produção da matéria, dela saída por ordem de uma vontade inteligente separada da matéria por essência e por natureza, pois *nemo dat, quod non habet*. Não é a fé, mas a razão que me faz encontrar uma prova da existência de Deus no momento em que procuro apenas provar a incriação da matéria. O universo infinito é a casa de um Deus infinito, como meu corpo fraco é a casa de meu espírito finito. Deus não pode sair do infinito, pois o infinito não tem limites. Minha alma, à dissolução de meu corpo, permanecerá em sua perfeita essência, incorruptível por sua natureza e sujeita à lei do criador. O homem que quer manter-se fiel à sua religião deve fazer esforços apenas para bem estabelecer os objetos que concernem à fé; pois aquele que toma a fé por guia nas matérias em que apenas a razão basta deve tê-la menos vigorosa naquelas que estão acima do entendimento, e sobre as quais não se deve raciocinar, mas crer.

Foi-me feita uma pergunta capciosa. Perguntaram-me se acreditava que Deus possa separar-se da matéria. Respondi que separação supõe união, e Deus não é nem unido à matéria, nem alma da matéria: ele está por toda parte, e mesmo na impenetrabilidade, sem deixar de ser apenas nele próprio, sendo puro espírito, sem nenhuma extensão, é fisicamente impossível que esteja ligado à matéria, como a alma o está no animal. Não se trata, portanto, de saber se Deus pode separar-se da matéria, mas se pode não estar por toda parte, e respondo que não o pode; e, assim como não pode fazer outro ser igual a ele próprio, tampouco pode diminuir suas qualidades essenciais.

Os três primeiros dias da criação não podem ser senão dias medidos com a imaginação segundo a idéia que temos do dia ordinário, pois a noite e a manhã não puderam realmente existir sobre nossa superfície antes da criação do Sol.

Encontram-se nos padres da Igreja, e em vários intérpretes, opiniões sobre a estação na qual Deus criou a terra. Tanta inépcia é inacreditável, pois Deus deve ter criado a terra toda inteira e, por conseguinte, em todas as estações. Vários dizem que foi na primavera, outros no outono, e essas duas estações são favoráveis a esses sonhadores, porque nos equinócios o dia é de doze horas em todos os cantos do mundo, mas se não se determina o lugar, é impossível decidir a estação. Em que signo do Zodíaco estava o Sol quando Deus o criou é uma pergunta que eles não fazem. Essas investigações vêm de um fundo de frivolidade. O douto Petau, depois de nos ter dito que Deus criou o mundo na noite anterior a um domingo, nos diz a data do mês. Parece-me que ele teria podido dizer que seguramente era o primeiro do ano. Ter-se-ia rido, mas não se teria nada a censurar. Se tivessem podido saber onde Deus criou Adão, teriam sabido onde é a porta do Paraíso terrestre.

Segundo dia da Criação
Versículos 6, 7, 8

Primeiro Deus disse: que seja feita uma abóbada entre as águas para que separe estas mesmas águas umas das outras. Deus fez então essa abóbada que distingue essas águas que estão na superfície interior dessa abóbada e as águas que estão na região superior da abóbada; e assim foi. Deus deu a essa abóbada o nome de céu; e, assim, de noite e manhã se fez o segundo dia.

Nesse segundo dia Deus fez apenas essa *abóbada*, a que a Vulgata e quase todas as traduções deram o nome de firmamento: o termo hebreu indica uma extensão, e chamo-a *abóbada*, tanto mais fiel ao texto que diz que agradou a Deus dar a essa *abóbada* o nome de céu. Não era, portanto, o céu propriamente dito: céu que fora já criado no dia anterior. Essa extensão a que um arbítrio absoluto dos intérpretes deu o nome de firmamento é portanto chamada por mim *abóbada*, não apenas porque a palavra hebraica pode significá-lo, mas porque descubro aqui a criação da parte interior habitável de nossa terra, da qual essa *abóbada*, que tem uma espessura média de 92 milhas inglesas, separa os rios das águas dos mares e dos rios que se encontram sobre nossa superfície. Uma abóbada que separa águas deve ter águas pesadas na superfície de cima e na de baixo, pois sem isso a abóbada não poderia separar mais que as águas de cima; a superfície de baixo seria coberta de ar; é preciso inferir portanto que não apenas a abóbada era sólida, mas que no interior de nossa terra a gravitação é oposta à nossa, como é preciso necessariamente que o seja, desde que Deus a fez para que seja a parte principalmente habitável de nosso globo. Aprendemos pela história dos *megamicros* que ela é assim, pois os *megamicros* habitantes do mundo interior mantêm-se em pé e caminham sobre sua superfície côncava *ut acquis rerum simulacra videmus*, como caminhamos sobre a nossa convexa. É preciso crer, portanto, que essa abóbada que se quer chamar firmamento, a despeito da escritura, tem duas forças de atração, uma em cima e a outra embaixo, e essa suposição é muito regular em física, pois o que nos faz gravitar sobre nossa terra é apenas a força de que nossos filósofos situam a fonte no célebre núcleo da terra que ninguém jamais viu, que a razão demonstrou necessário e do qual o inglês Edouard nos dá notícias bem amplas. Segundo essas notícias, a atração que nos faz pesar sobre a terra não vem desse pretenso núcleo, mas dessa mesma crosta ou abóbada que não pode ser o firmamento. Essa dupla atração não parte da força da metade da espessura da abóbada que seria de quarenta e seis milhas em cima e da outra de quarenta e seis embaixo, como poderíamos imaginar sem as notícias que o inglês Edouard nos dá. A atração dos *megamicros* está contida em uma superfície cuja espessura sólida é de apenas cem toesas[*]: a nossa deve encontrar-se em toda a espessura da abóbada, diminuídas cem toesas. Devo advertir alguns de meus leitores de que, quando alego circunstân-

---

[*] Uma toesa equivale a 6 pés. Considerando que o pé equivale a 0,3048m, tem-se para cem toesas 182,88m.

cias tiradas da história dos *megamicros*, não pretendo aumentar por elas o peso das verdades que assinalo na história sagrada: é bem o contrário. Deleito-me em descobrir no *Gênesis* verdades que podem convencer os bons leitores de que a história dos *megamicros* pode, repito-o, não ser um romance.

Santo Agostinho, que certamente não tinha idéia do mundo interior, diz absolutamente que os céus são todos cobertos de águas e que não é lícito duvidar disso: *Major est scripturae hujus auctoritas, quam omnis humani ingenii capacitas*, e são Basílio é da mesma opinião. Orígenes distingue-se e diz que essas águas são os anjos. São Cirilo as crê águas verdadeiras e, bem provido de piedade e pobre em conhecimento físico, diz que sem essas águas que Deus mantém em reservatórios nos céus nunca teríamos chuva: outros dizem que o criador serviu-se dessas mesmas águas para enviar o dilúvio. Deixemos em paz os padres e falemos, unindo as luzes que adquirimos por nossos estudos às que podemos inferir do que nos é comunicado, embora sob um véu muito espesso, pelo livro da verdade. Todo o mundo verá que, se a história dos *megamicros* é verdadeira, encontramos a criação do mecanismo de nosso globo detalhada no segundo dia de Moisés, e que, se é um romance, a história indubitável que o Espírito Santo nos comunica pela pena do mesmo Moisés nos demonstra a probabilidade desse mesmo mundo interior, ainda que Edouard jamais nos tivesse dado nenhuma notícia dele.

Terceiro dia da Criação
Versículos 9, 10, 11, 12, 13

Depois, Deus disse: que essas águas corram sob os céus em um único lugar; e que o árido seja visto; e assim foi feito. Foi a terra que Deus chamou árida; e chamou mares uma e outra dessas águas: ele viu que isso era bom. Deus disse ainda: que a terra produza relva, e ervas portadoras de semente, e árvores frutíferas que dêem frutos de várias espécies, cada um dos quais terá sua semente sobre a terra, e assim foi; porque a terra produziu relva e ervas tendo semente de várias espécies, e árvores que davam frutos nos quais havia semente cada uma de sua espécie; e Deus viu que isso era bom: e assim foi feito na noite e manhã do terceiro dia.

Moisés diz que as águas cobriam toda a terra. Para que isso resista em física é preciso imaginar a terra toda redonda, igual, sem montanhas e sem as concavidades que contêm hoje as águas de todos os mares. É possível portanto que, a essa ordem do criador, as montanhas e as concavidades se tenham formado; mas não podemos passar por cima das palavras bastante claras pelas quais Moisés nos faz saber que Deus chamou mares os lugares onde ordenou que umas e outras dessas águas fossem correr. As águas não podem ser as mesmas de que esse santo legislador nos fala na criação do dia anterior. Não se trata mais, portanto, das águas que Deus mantém nos reservatórios do céu, pois nos é dito claramente no versículo 10 que Deus chamou mares os dois lugares onde essas duas águas foram limitar-se; na hipótese do mundo interior, pergunto se resta ainda alguma dúvida sobre sua plena verossimilhança; e pergunto como os intérpretes não compreenderam por essa revelação que a concavidade interior de nosso globo é habitável, e feliz; censurome por não o ter ao menos suspeitado antes de ler a história dos *megamicros*, enquanto tantas vezes lera com muito mais atenção o *Gênesis*. O orgulho dos descendentes de Adão foi aparentemente a causa de jamais se ter insistido em examinar bem essa passagem, que não pode senão indicar dois mares, dos quais um ou outro nos é desconhecido. Situou-se o desconhecido no céu que cobre nossa superfície? A escritura não o teria chamado mar. Que necessidade tinha o criador de fazer correr as águas do céu em um único lugar, enquanto Moisés nos diz que ele as reuniu em um lugar apenas para tornar a terra seca? Supuseram eles outra terra no céu? Esse segundo mar que não conhecemos, e do qual a escritura nos fala, só pode estar no interior da terra sobre a abóbada que incorretamente se chamou firmamento; e isso não pode deixar de ser assim, mesmo que a história dos *megamicros* fosse um romance. Os versículos 11, 12 e 13 falam das ervas e dos pomares do mundo interior, a coisa é evidente.

Quando penso que nada é mais fácil a uma cabeça com algum verniz de física do que imaginar que, sendo a terra redonda, a existência dos antípodas não está sujeita a dúvida e que, no entanto, começou-se a crê-los possíveis apenas doze a catorze séculos depois do dilúvio, devo perdoar aos intérpretes se jamais prestaram a atenção que deviam a palavras que indicam um mundo interior e um gênero humano que não se assemelha a nós. É preciso acrescentar que, sem certos conhecimentos, que não são comuns, é-se tentado a crer o interior da terra inabitável por homens. Demonstrarei em seu lugar que essa terra que Deus ornou primeiro de ervas e de árvores frutíferas não pode ser aquela onde Deus criou Adão, e onde nos encontramos com todos os seus descendentes.

Quarto dia da Criação
Versículos 14, 15, 16, 17, 18, 19

Depois, Deus disse: Surjam luzes na abóbada do céu para fazer distinção entre o dia e a noite, e para que sejam sinais dos tempos, dos dias e dos anos; e que essas luzes estejam na abóbada do céu para levar a luz à terra; e assim foi. Deus fez essas duas grandes luzes, a maior, para que presida o dia, e a menor, para que presida a noite, e as estrelas: e Deus as pôs na abóbada do céu para que trouxessem a luz à terra, e para que presidam o dia e a noite e para que façam distinção entre essa luz e as trevas; e Deus viu que isso estava bem. Assim foi feito na noite e manhã do quarto dia.

Esses seis versículos juntos dizem apenas o que foi dito no primeiro, com a única diferença de que o primeiro fala de todas as fontes de luz que Deus criou, que devem ser os astros, e nos seguintes fala-se apenas do Sol e da Lua. Não há nenhuma aparência de que nessa criação Moisés pretenda instruir-nos sobre esse Sol que, imóvel no centro do mundo interior, o ilumina. Talvez ele tenha ouvido falar desse astro quando nos anunciou a criação da luz. Moisés certamente sabia que o mundo interior existia, e não lhe ignorava as principais circunstâncias; não se deve duvidar disso: não podia ser senão o jardim delicioso sobre o qual lhe basta ter anunciado a existência: não lhe importava muito comunicar as particularidades dele aos descendentes de Adão que ali não deviam pôr os pés. Não teria dito uma única palavra sobre ele se devesse fazer-nos conhecer a perda que Adão teve ao transgredir o preceito do criador.

Se Moisés dá o nome de luminária menor à Lua, isso não é uma razão que nos possa fazer crer que ignorava que a Lua recebeu do Sol a claridade com que presidia a noite: talvez ele o soubesse, mas não era aquele o tempo de dar a seu povo uma lição de física. Observemos que, ao dizer que essas luminárias eram feitas para medir o tempo, e especialmente para distinguir o dia da noite, ele faz ver que os dias antecedentes eram dias apenas em relação a Deus, que para os distinguir não precisa desses sinais. Observaremos também que, de certa maneira, ele nos indica a criação do tempo: o tempo apenas pôde começar a existir à aparição da criatura, pois para que exista é preciso que possa ser medido e que efetivamente se o meça. O que se acha de curioso em vários padres e, entre outros, em Orígenes e em são Clemente de Alexandria é a opinião de que não apenas o Sol e a Lua, mas todos os astros são criaturas animadas, como o homem, e não como os brutos, porque eles os dizem capazes de merecer e de desmerecer. Santo Agostinho, são

Jerônimo, santo Isidoro e são Tomás não são dessa opinião; mas todos eles dizem que estas são questões indiferentes, que não dizem respeito à fé. Não teriam, creio, tratado mais rigorosamente alguém que houvesse acreditado e dito que havia um mundo interior e um gênero que ali habitava, e que não descendia de Adão. Basta-me que esses quatro ilustres escritores, pilares da igreja, não tenham achado que crer que Deus criou, além de Adão, outras criaturas dotadas do uso da razão seja uma crença contrária aos deveres que a fé nos impõe. O Eclesiastes diz em termos bem claros, falando do Sol: *Lustrans universa in circuitu pergit spiritus*. São Jerônimo escreveu, com fé nessa passagem do Espírito Santo, que o Sol é um animal que respira e vive. Davi e Daniel nos dizem que todos os astros adoram Deus: não sei qual foi a intenção desses profetas; e seria preciso conhecê-la, pois a intenção é tudo. Talvez cressem esses astros habitados por criaturas de Deus racionais e, assim, disseram que *os astros adoram* em vez de dizer os habitantes dos astros.

Quinto dia da Criação
Versículos 20, 21, 22, 23

Depois Deus disse: Águas, gerai os animais répteis; e aves, voai sobre a terra para a superfície da abóbada dos céus. E Deus criou os grandes peixes, e todos os animais rastejantes que as águas geraram abundantemente sob diferentes espécies, e todas as aves aladas em todas as suas espécies, e Deus viu que isso era bom; e Deus os abençoou, dizendo: multiplicai e crescei, e enchei as águas nos mares; e vós, aves, aumentai sobre a terra. Assim foi feito na noite e manhã do quinto dia.

A verdade substancial de tudo que a escritura santa diz vem do Espírito Santo; e é pelas palavras de Moisés que devemos concebê-la: assim, creio que devemos dar crédito cegamente ao primeiro objeto dessas palavras, que é o de nos fazer saber a verdade; mas não cegamente ao sistema de física que essas mesmas palavras nos indicam, pois ele pode não ser de Deus, mas do escritor: essa reserva não pode prejudicar a fé, pois aumenta e não diminui a verdade.

Cremos que a criação consiste em uma ordem que Deus dá às águas de gerar os animais, cujo principal elemento é a água, entre os quais Moisés põe os animais voláteis, aos quais Deus, depois de os ter abençoado, ordena no versículo 22 que aumentem sobre a terra. Essa bênção é sempre seguida da fórmula: multiplicai e crescei etc. A bênção pertence apenas a Deus. A bênção dos homens não tem nenhum valor, a menos que a dêem com a fórmula que Moisés dita ao grande sacerdote Aarão, que o leitor pode ir examinar: ela promete aos abençoados apenas bens temporais; naquele tempo os homens ainda não se haviam tornado contemplativos.

É evidente que as palavras que Deus pronuncia depois de sua bênção criam o instinto que leva o animal à sua conservação e à propagação de sua própria espécie: elas não são dirigidas à razão, pois a escritura não diz que Deus tenha criado esses animais à sua imagem, como veremos que criou o homem. Terminemos por observar que todos esses animais tornam-se criados em virtude da ordem que Deus dá à água de os produzir e que a água não foi criada. O ar, segundo Moisés, não produz nada; Deus cuidou da criação do instinto; mas deixou o cuidado da propagação ao próprio instinto. A ordem que Deus dá às aves de voar sob a *abóbada dos céus* e não *do céu* demonstra que ele pretende falar, não do mundo interior, mas de nossa superfície, pois no mundo interior não pode haver mais que um céu.

Sexto dia da Criação
Versículos 24, 25, 26, 27, 28, 29, 30, 31

Depois, Deus disse: que a terra produza os animais em todas as suas espécies, os animais domésticos e os répteis, e todas as bestas da terra em todas as suas espécies; e assim foi. Deus fez todas as espécies de bestas da terra e todas as espécies de animais, e todos os répteis da terra em suas espécies, e viu que isso era bom. E depois Deus disse: façamos o homem à nossa imagem, segundo nossa semelhança, que eles dominem os peixes do mar, os voláteis do céu, as bestas, toda a terra e todos os répteis rastejantes sobre a terra. Assim Deus criou o homem à sua imagem; à imagem de Deus ele o criou: macho e fêmea ele os fez. *Depois, Deus os abençoou, e Deus lhes disse: multiplicai, crescei e enchei a terra, e sujeitai-a, e dominai os peixes do mar, as aves do céu e todas as bestas rastejantes sobre a terra. Além disso Deus disse: eis que vos dei todas as ervas que têm semente, que estão na superfície de toda a terra, e todas as árvores nas quais há fruto de árvore fazendo semente: elas vos pertencerão para alimentar-vos. A todas as bestas da terra, a todas as aves do céu e a todos os rastejantes sobre a terra, nos quais há alma viva, dei as ervas verdes para que as comam, e assim foi. Então Deus olhou tudo o que tinha feito, e eis que tudo era extremamente bom. Assim foi feito na noite e manhã do sexto dia.*

A criação de todos os animais da terra consiste na ordem que Deus deu à terra de os produzir: nada é dito mais claramente em toda a santa escritura. A terra produziu por ordem de

Deus todos os animais que andam e que rastejam sobre ela, o que demonstra que ela teria podido produzir o homem também; mas o homem não é um animal como os outros; foi Deus quem o fez, e Moisés não nos diz como, nem de que o fez. Os intérpretes dizem que ele esperou para dizê-lo no segundo capítulo, mas podem enganar-se, pois aqui se fala da criação de um casal, e no segundo capítulo fala-se de um homem chamado Adão, criado primeiro sozinho. Tudo que a escritura nos diz desse primeiro homem é que estava dividido em dois indivíduos, cada um dos quais, segundo a pura significação da letra, pôde ser macho e fêmea. A frase é mais inteligível explicando-o assim do que o entendendo de maneira a supor que um desses indivíduos foi macho e o outro fêmea. O texto diz: façamos o homem, e diz em primeiro lugar *que eles dominem*: eis o casal na palavra *homem* plural. A Vulgata diz *qui praesit,* que ele domine, mas é um erro sem conseqüência, pois a Vulgata diz em primeiro lugar *macho e fêmea ele os fez*. Mas por que são Jerônimo, que não deve duvidar de que esse homem foi um casal, põe *que ele domine* em vez de pôr *que eles dominem?* Vejo apenas uma única razão. O santo intérprete acreditava que esse homem era Adão, e como sabia que Eva foi criada apenas algum tempo depois, acreditou que isso não podia ser senão um erro, e corrigiu-o. Mas se o texto hebreu, os Setenta e a Siríaca, que tenho todos sob os olhos, dizem que *eles dominem*, por que esse santo doutor quis dessa vez ater-se à Samaritana? Santo Agostinho diz que é preciso ater-se à letra, e sou da opinião deste último.

Descubro na história dos *megamicros* que cada casal é composto de dois indivíduos, cada um dos quais é macho e fêmea; e, se eles não existem, não importa: basta-me que possam existir. Deus criou esse casal à sua imagem, que se lhe assemelhava em qualidade de homem, e não duvido de que Adão tenha tido o mesmo privilégio, pois a escritura me diz que era homem também.

Deus não me pode ter dado outra semelhança com ele que não a dependente de meu espírito: não pode ser mais que a faculdade de ligar idéias, faculdade dependente de uma razão, uma razão dependente de uma alma, uma alma que, embora criada, a mais profunda filosofia não me deixa conceber senão imortal. O universo infinito é governado por um Deus infinito; meu corpo, débil aglomerado de matéria, é governado por mim, que lhe sou a alma cuja substância espiritual encontra-se distribuída por todas as suas partes. Esse espírito inteligente a que Deus me uniu no mesmo instante em que me criou não pode ser corruptível, se se assemelha ao criador: à dissolução de minha matéria, portanto, ele deve separar-se dela para retornar a seu princípio. Meu corpo finito é a sede de minha alma, como a matéria infinita é a sede de Deus, e como não é meu espírito imortal que mantém meu corpo vivo, mas o espírito animal, assemelho-me a Deus, que existe em todo o universo sem lhe ser a alma. Se Moisés não se explicou sobre a natureza da alma, foi aparentemente por causa da dificuldade que previu de fazer compreender a realidade desse sublime dogma a um povo grosseiro, e para deixar o mérito de o reconhecer aos que estudassem com atenção sua divina história. Deus, ouso dizer, devia dar uma alma imortal como quinhão à única criatura que não quis produzida pela terra, mas que ele próprio criou. Esse exame parece-me tão importante para a fé, e para a religião, quanto tantas questões de pouca importância, que os intérpretes agitaram, parecem-me frívolas. A busca do lugar onde o Paraíso terrestre poderia encontrar-se teria sido razoável, mas foi-se procurar conjeturas ali onde não se devia procurá-las. Santo Agostinho reconheceu essa descoberta como tão difícil que chegou a dizer que o Paraíso terrestre talvez fosse espiritual. Acho essa escapatória menos má que a daqueles que dizem que as águas do dilúvio devem tê-lo destruído. Podemos observar também que a escritura não diz em parte alguma que Enoque e Elias tenham sido transportados para o mesmo lugar que Adão habitava quando cometeu o grande crime. Santo Agostinho reconhece que não sabe nada sobre isso, e que podemos crer em Enoque e Elias no que quisermos. Eu direi, no momento conveniente, o que creio poder crer quanto ao lugar onde esse Paraíso pode encontrar-se, lugar ao qual não se pode ir senão superando dificuldades que assustam a razão; mas, embora a história dos *megamicros* fale-me disso, tirarei minhas conjeturas apenas do *Gênesis*.

Moisés nos diz que Deus abençoou o homem desde que o fez; e que, depois de o ter abençoado, disse-lhe: crescei, multiplicai, enchei a terra; sujeitai-a.

Essa ordem de crescer e de multiplicar não foi dada à razão nem ao arbítrio do homem, pois encontramos essa mesma ordem dada às bestas com essas mesmas palavras, precedida da bênção. Apenas pode ser, portanto, a criação do instinto. Mas sendo esse preceito as duas vezes precedido da bênção, seria lícito crer que o instinto que nos guia a procriar para a conservação de nossa espécie não seja outra coisa que não um efeito da bênção de Deus? Creio que é lícito crer em tudo isso. Ousarei dizer também que, se a ordem de crescer e de multiplicar houvesse sido dada por Deus à razão do homem, e não ao instinto, o voto de celibato seria uma infâmia, pois o que é a fraca e pueril razão de que o mundo já está bastante povoado para dizer que é lícito ao homem fazer esse voto hoje? Não é verdade que o mundo esteja bastante povoado, e mesmo que o estivesse, esses não são os cuidados do homem: seu cuidado seria o de obedecer; mas como, repito-o, essa ordem não foi dada à vontade, sustento que o voto de castidade pode ser meritório, pois visa a domar, por amor a Deus e pela força de resistência, uma inclinação da carne, que não é tão invencível quanto se pretende. A filosofia não compreende como esse voto possa ser caro a Deus, mas a Igreja nos dispensa de fazer esse exame.

Faço ainda uma observação. O homem que prevaricou, e que encontro criado no segundo capítulo, não teve essa bênção: poder-se-ia crer que, se a tivesse tido, teria prevaricado assim mesmo? Talvez a tenha tido, embora o texto não diga nada sobre isso; e neste caso a doutrina de santo Agostinho sobre a graça vem em nosso socorro: a bênção de Deus não tem nenhuma força sobre o homem quando a vontade se torna rebelde à razão.

Deus ordenou ao homem que enchesse a terra. Essa palavra *encher*, que é traduzida literalmente, não pode significar cobrir, que indicaria povoar a terra, como vemos povoada a superfície que cobrimos: *encher* significa *preencher* um globo em sua concavidade interior, e essa é a linguagem que Deus devia dirigir ao primeiro homem, feito para habitar na terra, e não sobre a terra como Adão e nós, seus descendentes, que não a enchemos, mas a cobrimos.

Observa-se que, quando Deus fez o homem, ele fala no plural, e diz *façamos*. Vários pais crêem que Deus criou as almas de todos os homens possíveis de uma só vez antes de criar o homem. A razão desse *façamos* pode ser, portanto, a presença dessas almas destinadas a animar o homem. Deus não lhes disse que concorressem com ele na criação do homem, mas disse *faciamus* ao lhes dirigir a palavra, como se tivesse querido que elas fossem testemunhas. Salomão, que sabia tudo, deve ter acreditado nessa preexistência das almas quando diz, no livro da *Sabedoria* VIII-19, *que teve a felicidade de encontrar uma boa alma e que, sendo bom por natureza, sentiu-se bem com isso.*

Uma grande quantidade de intérpretes diz que Deus, propondo-se a criar o homem à sua imagem e à sua semelhança, não o pôde fazer senão racional e inocente. O inocente tem todas as virtudes e, ignorando o mal, nenhuma noção dele, por conseguinte, pode fazer com que o distinga do bem. Os santos padres dizem que, por seu pecado, ele perdeu a semelhança com Deus, mas não a imagem. Alguns disseram que Deus, querendo criar o homem à sua imagem, deve ter pensado na figura de Jesus Cristo na qualidade de primeira das criaturas; e assim essa imagem se tornaria material. Essa interpretação me parece forçada, pois embora todo o futuro esteja presente para Deus, não se compreende por que se quer instruir-nos sobre a disposição divina à encarnação antes da transgressão do preceito, cometida pelo homem. Esse pensamento de uma teologia muito sublime tende a nos fazer conceber a redenção como causa do pecado de Adão, e não o pecado de Adão como causa da redenção. Tomo a liberdade de rejeitar essa opinião sutil demais e de modo nenhum necessária à minha fé, não porque não creia que Adão tenha sido o primeiro criado, mas porque não me quero dar trabalhos inúteis, para tornar obscuro o que é bastante claro. É preciso crer que Deus filho quis nascer da Virgem, sob os despojos de Adão, e que, se tivesse dado a Adão uma forma diferente, a figura material do Salvador teria sido diferente também; e não que Deus fez o homem como o corpo do mediador. Mas os teólogos jamais ficam tão contentes como quando dão uma interpretação que revolta a filosofia a um fato para o qual, por outra via, poderiam dar uma explicação satisfatória, simples e o menos possível afastada da natureza. O primeiro casal criado foi homem, e Adão foi homem; foram ambos, portanto, criados à imagem de Deus. Lemos que esse primeiro casal foi criado com uma autoridade absoluta sobre todas as bestas ferozes e mesmo sobre as serpentes: não foi portanto Adão, pois não temos essa dominação: elas nos devoram, nos envenenam, se não tomamos nossas precauções, mas essa razão torna-se fraca quando se me responde que o homem perdeu esse privilégio desde que o preceito foi violado. Encontraremos razões mais fortes. Prossigamos.

Se Deus não houvesse criado o casal em um mesmo tempo, como teria podido primeiro dizer-lhe: *crescei e multiplicai*? Que necessidade tinha Moisés de narrar sua história mais obscuramente, para a fazer entender e conceber por um povo que tinha o entendimento bastante duro? Por que Moisés, instruído e inspirado pelo Espírito Santo, teria incorrido no risco, por uma narração complicada, de ser notado por contradição? Se se quer dizer que a criação, que, em minha opinião, é a segunda, é a mesma que a primeira, é certo que a implicação é evidente e que apenas se passa por cima disso porque ninguém imaginou que a intenção de Moisés era a de narrar a história de duas criações. É preciso observar ainda que o silêncio que Moisés guarda sobre o que aconteceu a esse primeiro casal foi a causa de que mesmo os sábios não ousaram considerá-la senão como a mesma de que ele nos fala no segundo capítulo. A existência do mundo interior, malgrado a história dos *megamicros*, apenas passará por real quando Deus permitir que o caminho para ir lá seja aberto a todo o mundo. Tudo o que pessoas mais hábeis do que eu poderão fazer será estabelecer-lhe a verossimilhança, fechando a boca de todos aqueles que farão esforços para o impugnar.

Platão, que foi o maior filósofo de seu tempo e o mais instruído por ter ido buscar as erudições entre os povos mais cultivados da terra, faz ver bem, na teoria que dá do primeiro homem, qual foi a fonte de que a extraiu. É preciso que tenha visto nossos livros sacros e que os tenha estudado. Ele leu as circunstâncias da primeira criação, e descobriu depois a de Adão; mas, não podendo admiti-la como segunda, porque aparentemente lhe terá sido dito que as duas são apenas uma e a mesma, viu que tampouco se podia admitir a mulher criada depois do homem senão dando um desmentido ao primeiro anúncio da criação, que demonstra abertamente a de um casal. Que fez ele então para pôr ao alcance da razão o fato, adotando a criação de Eva pela separação de uma parte do corpo do homem? Teve de reconhecer o primeiro casal como macho e fêmea, porque é anunciado como tal; mas o imaginou como macho e fêmea, o todo em um único indivíduo; e por isso nos deu sua doutrina muito especiosa sobre os andróginos, que todo o mundo leu com prazer, mas na qual ninguém prestou séria atenção. Vários rabinos foram da opinião de Platão, antes dele e depois dele; mas todos com idéias diferentes, todas afastadas da verossimilhança e de uma economia que o bom senso possa considerar, sem absurdo, conveniente a Deus. Platão encontra a razão da simpatia recíproca do homem e da mulher na união primitiva dos dois sexos em um único indivíduo. Para fazer criar Eva, não ousando admitir duas criações, ele não adota a extração da costela, mas, interpretando a história à sua fantasia, faz com que Deus separe o primeiro homem andrógino de maneira que o sexo masculino permaneceu de um lado e o feminino do outro; e eis como a mulher, segundo Platão, teve sua primeira existência. Esse grande filósofo só pode ter tirado esse monstruoso conto do *Gênesis*. Acho a coisa evidente.

O primeiro capítulo do *Gênesis* termina pelas palavras que indicam o fim do sexto dia, que foi o penúltimo da semana da criação; mas vamos ver que, segundo a Vulgata, o texto hebreu e vários outros clássicos, Deus terminou a criação apenas no sétimo: o que os intérpretes consideram bastante cômodo, já que dão a Deus o tempo necessário para fazer Eva; pois não podem admitir que ela tenha sido feita no mesmo momento que o homem.

Capítulo segundo
Versículos 1, 2, 3

Os céus e a terra foram portanto assim perfeitos, e cada exército a eles pertencente. E tendo Deus tornado perfeito no sexto dia tudo o que fizera, descansou no sétimo de todas as operações que havia feito; e Deus abençoou o sétimo dia, tendo descansado nesse sétimo dia de todas as coisas que tinha criado, formando-as.

Creio que nesses três primeiros versículos Moisés fala do mundo interior, pois diz que tudo ali era perfeito e não havia mais nada a fazer. Se a coisa não fosse assim, Moisés não nos daria conta, na continuação, da necessidade que a terra tinha da chuva e de alguém que a cultivasse para fazer crescer as plantas, das quais Deus depositara na terra apenas as sementes.

Digo que Deus terminou a criação no *sexto* dia, não me atendo nem à Vulgata nem ao texto hebreu, que dizem no *sétimo*. Atenho-me ao texto grego dos Setenta, ao texto siríaco e ao samaritano.

A Igreja deixa-me senhor disso e sirvo-me de meu direito, porque, crendo que Deus fez o casal *homem* em um mesmo instante, não tenho necessidade de invadir o sétimo dia para conceder a Deus o tempo necessário para fazer Eva, que creio feita depois de Adão, e Adão mesmo, criado talvez várias semanas ou meses depois da primeira criação. É muito possível que se tenha posto no texto hebreu *sétimo* com intenção de conciliá-lo com a criação de Eva, que parece exigir uma distância de tempo; e o caldeu e o árabe seguiram o hebreu. Repito que tenho para mim os Setenta, o siríaco e o samaritano. Aqueles dos santos padres que dizem que Deus deve ter criado o todo em um instante excetuam a criação do homem, pois a mulher não pode ter sido feita com ele. Eles fazem Deus trabalhar no sétimo dia, e não lhes perguntarei por que se atêm antes ao hebreu que aos Setenta, pois me responderão que, atendo-se à Vulgata, não se podem enganar, e isso é verdade, pois a Igreja responde por ela; mas eu lhes perguntarei como podem achar verossímil que Moisés, que queria tornar o dia do sabá respeitável até a superstição, tenha podido fazer com que Deus trabalhasse no sétimo dia. Ele diz que nesse dia Deus descansou. Se descansou, como pode dizer que trabalhou? E, se trabalhou, como pode dizer que descansou? Moisés sabia que a criação de Adão era uma outra criação, e os que puseram *sétimo* em vez de *sexto* no texto mesmo de Moisés abstiveram-se de imaginá-la.

A Escritura diz que Deus descansou de todas as coisas que havia criado *formando-as*. É a tradução literal do texto hebreu que dou: *criado formando-as*. Moisés parece temer que se tome a palavra *criado* por *fazer do nada*; acrescenta *formando-as* para que se aprenda que a criação de Deus consistiu em dar ao universo uma forma, uma ordem constante e um movimento regulado que ele não tinha no caos e nas trevas.

Versículos 4, 5, 6

São as gerações do céu e da terra, quando foram criados; no qual dia Deus fez a terra e o céu, e toda produção do campo, que jamais teria sido vista sobre a terra; e todas as ervas dos campos, que jamais teriam nascido, porque Deus ainda não tinha feito chover sobre a terra, e não havia nenhum homem que a cultivasse ou vapor saindo da terra que regasse toda a superfície da terra.

O quarto versículo confirma que aquelas de que os três precedentes fazem menção são as gerações do céu e da terra; que é o mundo interior: e pelas palavras *no qual dia Deus fez a terra e o céu* Moisés quer indicar nossa superfície; vê-se que escreve para ser compreendido por poucas pessoas. *O céu e a terra* é o mundo interior; *a terra e o céu* deve ser o nosso: o diferente arranjo dessas duas palavras não é casual: ele está no texto hebreu, no caldeu, no árabe e na Vulgata. Os Setenta, o siríaco e o samaritano não acharam essa exatidão necessária, e enganaram-se. Moisés já nos disse que no interior tudo estava acabado e florescente: agora ele nos dá conta de que no exterior tudo o que havia sido criado estava ainda na terra; porque, diz Moisés, Deus ainda não tinha feito chover, e não havia na terra um homem que pudesse cultivá-la. Seguramente não, digo eu, pois o homem criado estava dentro, no interior do globo, sobre o qual ele nos disse que a terra estava já florescente. Os intérpretes conhecidos me dirão tanto quanto quiserem que estas palavras *não havia um homem que pudesse cultivá-la* demonstram que Adão foi o primeiro homem. Eles teriam razão segundo sua suposição, se Moisés falasse aqui do mundo interior e exterior juntos; mas ele fala apenas do exterior que é nossa superfície, sobre a qual ainda não se via verdor, porque a chuva ainda não havia caído do céu e porque não saía da terra nenhum vapor que pudesse regá-la, e porque o homem que devia cultivá-la ainda não estava criado. A Vulgata diz: *Sed fons ascendebat e terra irrigans universam faciem terrae.* Pode-se traduzir assim quando o texto diz exatamente o contrário? Muda-se o texto e, ao mudá-lo, faz-se com que Moisés raciocine mal; pois eis o que se faz que diga: *a terra não produzia nada por causa da seca, mas ela não era seca em parte alguma, pois uma fonte que saía dela a regava toda e por toda parte.* Chama-se a isso raciocinar? Pode-se supor que o livro da verdade possa falar assim? Como se trata o julgamento do escritor? É, porém, o mesmo são Jerônimo quem diz: *melius est transferre quod dictum, licet non intelligas, quam auferre quod nescias*; o singular é que essa mudança não serve para nada que valha a pena: contrária à razão, leva uma nuvem ao entendimento do leitor. São

Jerônimo, aparentemente, não achou conveniente que Adão tivesse sido criado sobre uma terra que ainda não produzia nada. O hebreu não diz fonte nem nascente de água, mas *vapor*, e diz que ele não existia. Tremellius e Junius, cuja versão tenho sob os olhos, encontram no texto hebreu que a partícula que precede *vapor* apenas pode confirmar a negativa. O texto árabe diz com clareza que não tinha havido sobre a terra nem chuva nem vapor saindo dela que pudesse regá-la. Reconheço, contudo, que essa passagem no original é um pouco obscura, e que os próprios Setenta enganaram-se com ela; coisa inacreditável, pois a razão devia bastar e suprir o defeito do estilo. A diferença da Vulgata para o texto hebreu encontra-se no sentido em cem passagens, mas é ela que a Igreja nos dá e devemos segui-la fielmente em todos os sentidos que são relativos à fé: podemos raciocinar livremente sobre o resto.

No mundo dos *megamicros* jamais chove como chove entre nós: sua chuva sai da terra a cada medida de certo tempo, sempre invariável, e vai perder-se no ar onde, em uma hora, dissipa-se e a luz de seu Sol volta a brilhar.

O homem que lê a escritura santa por

curiosidade e sem um espírito submisso perde seu tempo e não aprende nada. Aquele que a lê para a criticar é indigno de a ler, e não conhece que espécie de livro é. O único que pode aproveitá-la e descobrir verdades sublimes é o que a lê prevenido de que tudo o que diz é verdade, e de que se pode descobrir ainda outras; mas trata-se de estudá-la, pois uma palavra mal compreendida e que parece indiferente representa outro sentido; e o que parece dito mais claramente encerra muitas vezes um sentido oculto, que se torna conhecido apenas para aquele que se detém nele. É uma coisa decidida, que sem a fé não é possível ser cristão; mas o homem sensato não deve colocar sob o império despótico da fé o que pode ser objeto da razão. O de admitir tudo por fé, sem fazer nenhuma distinção entre o que lhe é relativo e o que não lhe diz respeito, não é o projeto do zelo cristão, mas da preguiça monacal. Devemos deixar aos maometanos a execução do preceito tirânico de ler o livro da lei sem examinar o que é verdade e o que é falso. O turcos sabem que nem tudo é verdade, mas não lhes é permitido procurar o meio de separar o verdadeiro do falso: para estar certos de não se enganar, têm ordem de crer em tudo. Concordo no entanto que, em matéria de religião, mais vale crer em tudo, ainda que misturado com o falso, do que correr o risco, desbastando, de pôr no número das mentiras verdades essenciais; mas, ao desvelar a verdade, o sábio sabe evitar igualmente esses dois extremos. Ele deve saber que deve fazer tudo o que depende do mais assíduo estudo para estar a par de todas as verdades que a escritura contém, pois por que o Espírito Santo teria querido que fossem escritas se não foi para que se tornassem conhecidas dos homens? Quem estuda a Bíblia deve deter-se principalmente em todas as passagens que, à primeira vista, lhe pareçam contradições; e apenas deve abandoná-las quando, à força de estudo, descobriu que as contradições são apenas aparentes, pois se se pudesse verificar que na santa escritura há uma única contradição em matéria de fé nossa religião passaria a ser imediatamente declarada falsa.

Os teólogos que dizem que um filósofo não é feito para examinar os santos livros da religião não sabem o que dizem. Um excelente filósofo é feito para conhecer tudo o que é verdadeiro e que pode ser posto sob o exame da razão;

e todo teólogo que não for bom filósofo será mau teólogo. Santo Agostinho abandonou o maniqueísmo na qualidade de grande filósofo. Essa verdade é a causa da raridade dos bons teólogos, e uma lição para o filósofo cristão de evitar o diálogo com homens que se crêem teólogos porque fizeram seu curso de teologia e usam um hábito que parece dar-lhes o direito de falar *ex cathedra* de tudo o que concerne à religião. O filósofo deve deixá-los em paz e não se medir com eles. Eles não sabem que o império da fé não pode ser exercido legitimamente senão até os confins em que a razão perde sua jurisdição. A razão que não depende de nenhum arbítrio, feita para fazer-se justiça, não precisa mais que de suas próprias luzes para prescrever-se limites: detém-se por si mesma quando vê que não pode ir adiante, e é aí que sua fé começa: são Paulo quis dizer apenas isso quando disse que a fé deve ser racional.

Um douto teólogo escuta com atenção uma dificuldade teológica que um filósofo lhe propõe, ou uma interrogação sobre uma explicação de uma passagem escabrosa da escritura santa, e o douto homem demora a responder ou, se responde, dá ao filósofo uma boa prova de sua prudência nessas erudições, e apenas decide com grandes circunspecções. Não é assim com os pequenos teólogos: respondem de imediato, e decidem dando ao filósofo, em troca de suas boas razões, moeda falsa: os menos insuportáveis são os que, para livrar-se, colocam a questão entre as que concernem à fé, ainda que não tenha nenhuma relação com ela. A facilidade com que negam e afirmam é espantosa. O filósofo arrepende-se de ter falado com eles. Os insetos da teologia jamais ficam tão contentes como quando despedem um filósofo insatisfeito com suas respostas; e cantam vitória.

Sei que a novidade desse pequeno comentário poderá atrair-me invectivas ou risadas, pois umas e outras foram sempre os cavalos de batalha da ignorância; mas já estou disposto a não fazer nenhum caso delas; basta-me não ter motivo de esperar o desprezo da parte dos que são feitos para impor respeito.

Versículo 7

Jeová Deus formou portanto o homem de pó da terra: ele soprou em suas narinas o alento da vida: assim o homem tornou-se alma viva.

Pó e *limo* são, em língua hebraica, duas coisas diferentes, e Moisés conhecia o hebreu. Que necessidade havia, portanto, de mudar o texto? Pretendeu-se facilitar para Deus a formação do corpo de Adão? Positivamente. Eles dizem que para fazer modelos não se usa pó. O que acho singular é que, se no texto hebreu tivesse havido *limo*, talvez se houvesse dito que devia ser pó, pois, já que Deus ainda não fizera chover, o limo não podia ser encontrado.

Deus tornou primeiro o homem alma viva; o meio de que se serviu dependeu do magistério de um Deus criador; e o sopro nas narinas não é mais que uma expressão figurada, e muito bela, feita para proporcionar uma idéia sensível a uma concepção material, pois Deus não pode soprar, embora seja senhor de dar ao ar o mesmo movimento que lhe daria um sopro.

Versículos 8, 9, 10, 11, 12, 13, 14

Jeová Deus havia ornado de plantas o jardim voluptuoso no Oriente, onde colocou esse homem que acabava de fazer: e Deus havia feito sair daquela terra toda espécie de árvores que a vista podia desejar, e que fossem boas para alimento: havia também nesse jardim a árvore da vida e a árvore da ciência do bem e do mal. O rio que vinha do Éden para regar esse jardim divide-se e dilata-se em quatro braços. O nome do primeiro é Pisom etc. etc.

Uma vez que o homem foi feito, Deus o transportou para o jardim voluptuoso, que antes já havia ornado de tudo que se podia desejar. Eis Adão no paraíso terrestre, onde Deus não o criou, e as palavras de Moisés não dão lugar a uma interpretação diferente. Mas essa descrição do jardim do Éden não nos é dada por Moisés pela primeira vez: é uma repetição comum em seu estilo e em seu método: a única circunstância que ele nos diz, e que não sabíamos, é das duas árvores, uma da vida e a outra da ciência do bem e do mal, das quais não fala quando consigna ao casal criado no sexto dia toda a terra interior guarnecida de ervas e de árvores. Isso demonstra que, para fazer germinar a terra e as árvores no mundo interior, Deus não teve necessidade nem de chuva nem de homem que a houvesse lavrado. Deus quis ter necessidade disso aparentemente para secundar a natureza, quando Moisés nos fala da superfície convexa, que está no exterior, a mesma que habitamos, aquela sobre a qual criou Adão, aquela que ele o fez abandonar uma vez que o criara para o introduzir no Éden, que ornara antes de plantas, e que não pode ser senão a terra que ele consignou perfeita em todos os pontos ao primeiro casal criado. Dessa terra tornada completa em todos os seus ornamentos Moisés nos fala no primeiro, segundo e quarto versículos desse mesmo segundo capítulo. Para terminar de provar que Adão não foi criado no paraíso, mas sobre nossa terra; que Deus o transportou para o paraíso primeiro, e certamente antes de criar Eva, pois lá onde o criou não havia árvore de ciência, e que o paraíso não pode ser senão a terra na qual Deus criou o primeiro casal, preciso apenas alegar o que encontro em Esdras: *Tu o introduziste no paraíso que tuas mãos haviam plantado antes que ele viesse à terra*. Não é possível que o Espírito Santo se explique mais claramente, para nos instruir de que o lugar para onde Deus transportou Adão não era sobre a terra onde o havia criado. Onde era então? Não podia ser senão no espaço interior: no mundo que o livro dos *megamicros* nos representa belo, florescente e preferível ao nosso em todos os pontos, e cuja possibilidade resiste, se não me engano, a todas as objeções que os mais doutos teólogos e físicos em acordo podem fazer-me.

Se se me pergunta por que Deus fez o homem fora do Éden, para levá-lo lá uma vez que o tivesse feito, responderei que Deus pode ter querido fazê-lo sobre a superfície exterior da terra prevendo que seria essa terra que a falta original o condenaria a ter de cultivar: criou-o sobre essa terra, à diferença de Eva, porque ele devia, por causa de sua falta, transformar-se pela morte no mesmo pó de que Deus se servira para o criar: talvez ele o tenha introduzido no paraíso terrestre apenas até que a chuva houvesse umedecido a terra de nossa superfície e lhe tivesse dado a força de germinar e às árvores, a de fazer crescer seus frutos. É assim que, por *talvez*, os santos pais respondem muito sabiamente a várias dificuldades dependentes de razões de conjetura que os curiosos lhes fazem: imito-os com submissão; pois faço essas perguntas a mim mesmo, e para satisfazer ao mesmo tempo aos que poderiam fazê-las a mim. Os que fizeram investigações sobre a situação do paraíso terrestre foram muito numerosos; pois é preciso, disseram eles, que ele esteja em alguma parte; e vários raciocionaram muito judiciosamente e com boas erudições; mas todos eles nos deixaram na incerteza.

Além das outras belas árvores que ornavam o paraíso terrestre, havia a da ciência do bem e do mal e a da vida. Os que dizem que essas duas árvores são apenas uma mesma árvore são mais audaciosos do que eu; não ouso crer neles pela palavra; pois a Escritura diz que eram duas: as interpretações que dizem menos desagradam-me mais ainda que as que dizem mais.

Se Deus não tivesse introduzido Adão no paraíso, o *felix culpa, quae talem ac tantum meruit redemptorem* não teria existido. Essa passagem em exclamação quase nos quer indicar que o crime de Adão nos deve ser caro.

É surpreendente que, malgrado o santo escritor nos narrar a diversidade das ações de Deus, a diferença dos lugares e o transporte de Adão para um local inteiramente diferente daquele onde ele o havia criado, tudo isso antes de lhe enviar o sono para criar Eva, persiste-se em crer em Adão e Eva criados juntos; pois, se se pretende que tenham sido criados no sexto dia, é impossível separar a criação de Eva da de Adão a esse ponto. Se Adão e Eva foram a criação do sexto dia, Moisés, que empregou apenas cinco versículos para fazer-lhe a descrição, teria podido empregar vinte deles, de preferência a subverter a ordem de uma narração divina. Os que dissessem que, se essa primeira criação foi a de outro gênero humano Moisés teria dito mais sobre isso, estariam enganados, pois Moisés falou apenas do que se referia à nossa religião e à raça da qual devia diretamente descender Noé. Negligenciou falar-nos de todos os outros filhos de Adão e dos filhos de seus filhos, cujo número deve ter sido bem considerável; e tudo para não distrair a atenção de seu povo de seu principal objeto. Ora, por que teria ele falado do primeiro casal, cujos descendentes habitavam um mundo tornado inacessível, descendentes que não tinham nada em comum com os de Adão, e que, depois do exílio de nossos primeiros pais, não podiam por nenhuma aventura ter nada a tratar com os de Adão? O povo judeu, sempre *durae cervicis*, não tinha necessidade de notícias estranhas à lei que ele queria dar-lhe, e que eles transgrediram continuamente por malícia e talvez também por ignorância. Essa talvez tenha sido a razão que o fez escrever a criação sucessiva: quis alegar-lhes o exemplo de um Deus, para inspirar-lhes a santificação que deviam ao dia do Sabá.

Creio também que se pode fazer uma observação sobre as palavras que Moisés diz e repete sempre, que Deus *viu que o que havia feito era bom*. Ele não diz que Deus vira que o que ia fazer era bom, como convinha a um Deus; mas o faz dizê-lo depois; o que surpreende um pouco. Mas aquele que toma isso apenas como um lição não fica surpreso. Com isso Moisés dá uma excelente máxima de moral ao homem: ensina que, depois de ter feito alguma coisa que nos parece boa, não nos devemos ater à aparência; mas que nos devemos tornar seguros de sua bondade pelo aprofundamento, pelo severo exame e pela experiência, se necessário, pois o que parece bom em teoria nem sempre é bom na prática. Observei, como intérprete muito piedoso e muito simples observador das palavras *ele viu que era bom*, um pensamento um pouco cômico: ele diz que Deus não viu que a mulher foi algo de bom, depois que a havia criado, pois a Escritura não o diz. Eis os despropósitos dos intérpretes, quando ora pretendem não ser obrigados a supor nada e ora a supor o que não é necessário.

Os artifícios de eloqüência para chegar a conclusões da maior importância são comuns nos profetas do Antigo Testamento. Vemos Josué que, tendo necessidade de um dia longuíssimo, pede-o a Deus, indicando-lhe um meio de conceder-lhe uma graça, que, se Deus tivesse seguido literalmente, ele não teria obtido; mas o criador não pode escutar a palavra, quando se trata de atender à prece, pois a prece é do coração. Deus, senhor da natureza, teve de parar a terra e a lua e atender assim à prece de seu servidor. Podemos crer sem crime que, afora Adão e Salomão, todo o povo judeu, e mesmo seus pretensos sábios, foram bastante ignorantes em física; com exceção, no entanto, também de Moisés, que viajara muito.

Não falarei do que se refere à descrição

dos rios que regavam o paraíso terrestre: a Escritura nos dá seus nomes, e os sábios disseram tudo o que se pode dizer deles, embora não haja um único bom geógrafo que esteja satisfeito com tudo o que se disse sobre esse assunto. Ninguém fala dos rios da América, nem de vários das Índias, nem do Danúbio, nem do Pó, nem do Reno, nem de uma grande quantidade de outros que podem muito bem sair de fontes subterrâneas, e que não se encontrariam com bastante clareza nos rios nomeados do paraíso terrestre. Impressionante é que eles não vêem que o jardim do Éden, para conter as fontes de todos os rios de nossa terra, devia ser tão grande quanto ela, descontada a espessura da abóbada.

Versículos 15, 16, 17

Tomando assim Jeová Deus o homem, colocou-o no jardim do Éden, para que o cultivasse e o guardasse; e Jeová Deus fez uma proibição ao homem, dizendo-lhe: dos frutos realmente de cada árvore deste jardim livremente podes comer; mas não do fruto da árvore da ciência do bem e do mal. Desse fruto não comerás, pois no dia em que dele comeres, morrerás.

Moisés nos diz que Deus colocou o homem no voluptuoso jardim para que o cultivasse e o guardasse. Já estando o homem primeiro criado ali estabelecido, Deus podia ali estabelecer Adão também, e seus descendentes: a Escritura não nos fala das incumbências que ele pode ter dado ao primeiro.

Deus faz aqui a Adão a fatal proibição de comer do fruto da árvore da ciência, e não lhe fala da árvore da vida, do que alguns santos pais tiram a conseqüência de que se trata apenas de uma única árvore. Falsa interpretação, pois Moisés sabe que Deus mesmo fala da árvore da vida no versículo 22 do terceiro capítulo: mas os intérpretes muito freqüentemente negligenciam observações essenciais, para não se privar da oportunidade de tagarelar. Pergunto como Deus teria podido proibir o Adão inocente de comer do fruto da árvore da vida sob a ameaça de morte: se ele morresse por isso, a árvore não teria sido a da vida, e se fosse a da vida, jamais teria podido causar-lhe a morte. Os que opinaram dessa maneira foram homens como eu, e posso portanto demonstrar seus despropósitos. Se a árvore da ciência tivesse sido a mesma que a da vida, a serpente não teria induzido Eva a comer dela; não teria sido tão estúpida; a Escritura nos diz que era uma refinada finória. Sobre a natureza dessa serpente, sobre sua faculdade de falar, sobre o interesse que tinha em perder o gênero humano, envolvo-me em minha ignorância e digo que, se essa serpente não era o espírito tentador, o verdadeiro diabo, como o pensa são Cirilo, não sei nada sobre ela.

É o pobre Adão que não acho astuto, quando caiu no laço; mas observemos que ele estava em estado de inocência, e para enganar um inocente não é necessário ter espírito como um demônio. Se, enfim, devemos reconhecer na serpente o anjo inimigo do gênero humano, lamento Adão, pois o jogo era desigual. É verdade que Adão não foi enganado pela serpente, mas persuadido por sua mulher, o que demonstra mais uma vez a fineza do inimigo que, para garantir a vitória, tomou um desvio. Eva, no entanto, a menos que queiramos crer no que a Escritura não diz, não pode ter sabido dessa proibição a não ser por seu marido, pois quando Deus a fez a ele, ela ainda não estava criada.

Deus notifica a Adão a pena de morte em caso de desobediência. Essa ameaça nos demonstra com evidência que Adão não estaria morto se tivesse podido manter-se em estado de inocência. Quanto a isso o santo doutor Agostinho não pode ter fortes oponentes, como pode tê-los sobre a imortalidade dos outros animais não feitos à imagem de Deus. Adão, sem seu pecado, teria sido imortal, pois a árvore da vida estava no paraíso e, não lhe tendo sido proibido seu fruto, pode-se supor que ele teria comido dele quando tivesse tido necessidade.

É preciso mesmo crer que Deus, quando o ameaçou de morte, tinha presente no espírito o meio de que se serviria para o impedir de comer do fruto da vida. O versículo 22 do terceiro capítulo prova o que adianto.

Versículos 18, 19, 20

Deus depois havia dito: não é bom que o homem esteja só: eu lhe farei um auxiliar que lhe convenha. Porque, tendo Jeová Deus formado de terra todas as bestas dos campos e todas as aves do céu e, tendo-as apresentado a Adão para que visse como as chamaria, porque quaisquer que tenham sido os nomes pelos quais Adão chamou cada animal, aquele era seu nome próprio, e Adão, tendo chamado por seu nome todos os animais domésticos e todas as aves e todas as bestas dos campos, Adão no entanto não via diante dele um auxiliar que lhe conviesse.

O versículo dezoito declara claramente que Adão não pode ser o homem criado no primeiro capítulo, pois a criação foi de um casal. Moisés não pode ter sido um desses escritores como nossos modernos que pensam depois de ter escrito. Deus fez Adão sozinho, à diferença de todos os outros seres animados, dos quais deve ter de imediato criado os dois sexos, e apenas lhe fez Eva depois de ter reconhecido que sozinho ele estava mal, e que convinha dar-lhe um auxiliar. O primeiro casal não teve necessidade disso, *masculum et feminam creavit eos.*

O santo Legislador emprega os dois outros versículos em nos dizer as razões divinas que determinaram Deus a dar a Adão um auxiliar de sua competência. Diz-nos que ele deu os nomes a todos os animais da terra e às aves, e que os nomes que lhes deu eram seus nomes.

A essa particularidade os intérpretes entregaram-se à saciedade. Vários pretendem que a língua primitiva está perdida e que, sem isso, saberíamos esses nomes surpreendentes que Adão, muito sábio, sabia; nomes, segundo eles, que ele não lhes deu arbitrariamente, mas que eram os nomes naturais dessas bestas, que conhecemos apenas por nomes de convenção. Esses nomes, que Adão adivinhou desde que viu essas bestas, deviam conter não apenas sua forma material e suas qualidades, mas deviam ser tais que deviam apresentar a imagem do animal a quem quer que jamais o houvesse visto nem ao natural nem em pintura.

Essa circunstância é espantosa, é incompreensível para mim e para vários outros; mas não me creio obrigado a crer nisso. Os primeiros intérpretes, que enunciaram sobre a escritura santa glosas dessa espécie, acreditaram ter necessidade de degradar as faculdades naturais da razão para tornar os entendimentos mais dispostos a submeter-se ao império da fé. Enganaram-se na máxima. As sofisticarias apenas podem obscurecer as luzes da razão e, uma vez que o véu do falso é rasgado, a razão insultada abomina as fontes que podiam induzi-la ao erro, e acha-se disposta a resistir aos objetos verdadeiros da fé, que exigem submissão e tranqüilidade de alma. Os mistérios que adoramos são todos superiores à razão; não há nenhum que lhe inspire repulsa.

Santo Agostinho pensa que o *adjutorium simile sibi* não quer indicar outra coisa que não um auxílio necessário à propagação; mas ele dá uma tradução literal inteiramente diferente da da Vulgata. Em vez de *simile sibi*, adota uma glosa árabe *incumbens anteriori ipsius*. Os que conhecem a doutrina do grande santo Agostinho sobre essa matéria terão razão de ficar surpresos de que tenha adotado essa paráfrase. Como pôde ele aprovar a palavra *incumbens*? Como pôde não corrigi-la, aí pondo *succumbens*?

Versículos 21, 22, 23, 24, 25

Para fazer isso Jeová Deus lançou uma pesada sonolência em Adão, a qual foi causa de que adormecesse, e, tendo separado uma parte de seu flanco, ele pôs no lugar dessa parte carne. E Deus serviu-se dessa parte de Adão para modelar uma mulher, e a apresentou a Adão. Então Adão disse: desta vez, eis diante de mim um osso tirado de meus ossos, e carne tirada de minha carne: ela será chamada varoa, ischach, *porque foi tirada do homem,* isch. *Por essa razão o homem deixará seu pai e sua mãe, ele se ligará à sua mulher, e serão em uma carne. Eles estavam nus e não se envergonhavam disso.*

Não é lícito dizer sobre a criação de Eva que esse detalhe é uma alegoria: é preciso crer nele literalmente, com todas as suas circunstâncias. É o santo Espírito quem fala, e a fidelidade e o respeito ordenam que não nos afastemos dele.

Deus, portanto, depois de ter adormecido Adão, tirou de seu flanco uma parte ou uma porção que o texto hebreu chama *zela*. Todos os intérpretes pretenderam que esse *zela*, literalmente, significa costela; e talvez tenha sido uma costela. Grotius pensa que esse termo pode significar apenas uma parte, uma porção do corpo de Adão: mas seja um, seja outro, a substância do fato é que Deus tomou do corpo do homem o fermento com o qual criou a mulher. Orígenes, são João Crisóstomo, são Tomás e vários outros acreditaram que Eva foi criada no sétimo dia, no qual sabemos, como eu disse, que Deus *requievit*; mas, não tendo nenhuma idéia das duas criações, vê-se quão facilmente eles puderam enganar-se. Seu erro força-os a dar trabalho a Deus no dia em que é evidente que Moisés não quis dar-lho. Pode-se, pelas razões que disse alhures, ter mudado essa palavra no texto hebreu, e a autoridade dos Setenta basta para que quem quer que seja possa, sem escrúpulo, ser ou dar um desmentido à palavra *requievit*.

Desde que Eva foi criada, Deus a apresentou a Adão. Parece que a essa apresentação, o homem em estado de inocência devesse dar livre curso a seu instinto, mas esse ponto não foi decidido pelos intérpretes, e a maior parte diz que Adão conheceu sua mulher apenas depois de sua expulsão do paraíso, baseados em que Caim foi seu primeiro filho: seria preciso supor a indignidade de uma cópula sem sucessão, injuriosa à natureza perfeita de Adão e de Eva. Portanto, ele não a conheceu. Mas, para estabelecer isso, encontram-se algumas dificuldades. A primeira é o *crescite, et multiplicamini*, que não é dificuldade para mim, pois acho que esse preceito foi dado à criação do primeiro homem, e não à do segundo; mas ela o é para todos os que crêem em uma única criação a ponto de chegar a dizer que, se Adão não conheceu Eva no paraíso, isso só pode ter acontecido porque ele não teve tempo. Isso é possível, mas difícil. Deus apresenta ao homem a mais bela de todas as criaturas: o homem, encantado, exclama: eis o osso de meus ossos, a carne de minha carne: ele fica a sós com ela, o que ainda não seria nada, pois era inocente e, por conseguinte, não podia ter nenhuma vergonha de executar aquilo a que o instinto devia excitá-lo mesmo na presença do criador. Adão passava bem; não tinha nenhum cuidado que pudesse ocupá-lo, e poder-se-á supor que a própria Eva tenha preferido ir passear sozinha e divertir-se conversando com uma serpente a ficar com seu marido, que deve ter achado tão encantador quanto ele a achara bela. Essas suposições são incongruentes. Adão, dizem eles, não pode ter permitido que Eva se afastasse dele por alguns momentos senão depois de lhe ter dado marcas de sua ternura. Respondo que todas essas razões são plausíveis, mas são apenas conjeturas. É preciso ater-se ao documento certo: Eva saiu do paraíso virgem.

Um intérprete diz que, se de início Adão não conheceu sua mulher, não se pode acusá-lo de desobediência, pois ele pode ter apenas diferido; e que não se pode chamar desobediência a um adiamento, quando a pronta obediência não teria tido o mérito da resignação. É muito bem pensado, em minha opinião, mas não segundo santo Agostinho e seus seguidores, que, não conferindo ao estado de inocência nenhuma concupiscência, apenas podem encontrar na obediência a mais séria submissão, que acharão mesmo meritória; e há casos em que ela pode sê-lo, a despeito do instinto; mas Adão e Eva não estavam nesse caso. As sutilezas de santo Agostinho sobre essa matéria são exageradas e saídas de um mau humor: esse douto escritor degrada Adão em estado de inocência no mesmo momento em que crê celebrar suas prerrogativas: ele diz que é difícil que um marido não cometa algum pecado ao cumprir seu dever com sua mulher. Creio que teria razão se dissesse que se pode cometê-lo, pois não sou inteiramente da opinião de Buzembaum, mas tampouco sou da de santo Agostinho sobre o *difícil*. *Pastyllos Ruffillus olet Gorgonius Hircum*. Há nessa opinião de santo Agostinho motivo para desesperar e tornar impotente uma quantidade de maridos honestos, se forem bastante fracos para acreditar ingenuamente nesses devaneios. Agarremo-nos, nessas matérias, à complacência de nossa mãe, a Igreja, e reverenciemos santo Agostinho, mas não a ponto de crê-lo infalível.

Vemos a criação desse segundo casal dividida em duas espécies de criações positivamente diferentes. O fermento de Adão foi o pó, o de Eva foi um *zela* de Adão. São Paulo diz: *Homo est gloria Dei, mulier vero gloria hominis*. Semelhante criação, diversificada por tantas circunstâncias, pode de boa-fé ser a do sexto dia?

Na exclamação que Adão faz ao ver Eva, ele próprio dá a razão desse instinto que o força a amar um objeto que reconhece como uma parte de si mesmo: essas palavras demonstram não apenas natural o amor do homem pela mulher, mas dever: o Espírito Santo mesmo diz que o homem deve abandonar por sua mulher pai e mãe, e não se pode dizer mais. No entanto, decidiu-se que alguém que jamais na vida amou mulher nenhuma deve ter diante de Deus um mérito extraordinário; e é preciso crer nisso.

Depois da descrição dos deveres do homem em relação à mulher, Moisés nos diz que eles estavam nus e não se envergonhavam disso. Dessas palavras de Moisés, ditas nesse momento com tanta modéstia e simplicidade, quer-se julgar que o casal havia executado aquilo a que a razão e a natureza os convidavam: mas continuo com minha opinião. *Eva saiu do paraíso virgem.* De toda maneira, pretende-se que eles teriam tido um motivo para envergonhar-se se não se houvessem achado em estado de inocência. Se santo Agostinho tivesse sido conseqüente em suas interpretações, nos deveria ter dito que não se envergonhavam porque seus olhos ainda não estavam abertos. O leitor julgará da mesma maneira quando vir a interpretação que o mesmo santo doutor dá às palavras *seus olhos abriram-se.*

Capítulo terceiro
Versículos 1, 2, 3, 4, 5

A serpente era a mais ardilosa de todas as bestas dos campos que Jeová Deus havia criado; ela diz à mulher: Deus vos ordenou não comer de todos os frutos das árvores deste jardim? A mulher respondeu à serpente: nós comeremos dos frutos das árvores deste jardim, mas do fruto daquela árvore que está no meio deste jardim, Deus disse não comereis deste, e não o tocareis para não morrer. Aquela serpente respondeu de imediato à mulher: não, certamente não morreríeis por isso. O fato é que Deus conheceu que o dia em que comerdes desse fruto vossos olhos se abrirão, e vos tornareis semelhantes a Deus, sabendo o bem e o mal.

J osefo, são Basílio e vários outros disseram que a serpente devia estar em pé quando dialogou com Eva, pois ainda não havia cometido o crime por causa do qual Deus lançou-lhe a maldição que a obrigou em seguida a andar rastejando sobre o ventre. Perguntarei a são Basílio se um comentário é feito para tornar uma proposição mais obscura. Tenho mais dificuldade de imaginar uma serpente em pé do que um sentido alegórico. Esse mesmo santo diz também que as serpentes então falavam: ele não podia crer de outra maneira, desde que acreditou que a serpente caminhava como nós. Creio que é preciso crer que todo esse discurso entre a serpente e Eva é uma imagem figurada de uma maldita tentação que fala ao espírito: Moisés personifica a tentação, a consciência e a razão; eis por que, se não se tem o espírito flexível e submisso, não se deve ler a escritura santa. Essa instrução é de são Paulo. Observemos também que Eva, em estado de inocência, não devia ter medo de uma serpente, nem repugnância de conversar com ela.

Eva diz à serpente que Deus ordenou-lhes não comer da árvore do meio do jardim. Ela fala no plural, como se Deus também a houvesse proibido de comer desse fruto: ele havia feito essa proibição a Adão, antes de a criar; pode tê-la repetido a Eva, desde que a tornou alma viva; mas, para que Eva tenha o direito de dizer *Deus nos proibiu de comê-lo,* não é necessário crer que tenha ouvido a proibição de Deus mesmo: basta que tenha sido instruída sobre ela por Adão, no qual devia acreditar. O homem senhor sempre falou de seus assuntos no singular: a mulher, embora subordinada, desde sempre falou no plural; dá mesmo por isso um testemunho de sua dependência do homem e da comunidade de seus interesses com os de seu marido. Hoje mesmo todas as mulheres dizem *o rei fez saber sua intenção: comandaremos o exército no próximo ano. Temos um processo da maior conseqüência.* A mulher de um censor diz a um autor: *voltai na próxima semana, pois ainda não tivemos tempo de ler vossa obra*; e a criada do cura diz ao paroquiano *amanhã diremos a missa mais cedo.* Assim a serpente armou a cilada à mulher, que aparentemente não havia recebido a proibição imediatamente de Deus: inocente como era, ignorando o mal, ela caiu no laço e, em sua ruína, arrastou Adão, talvez por sentimento de ternura; e penso que se pode crer que, se ela não houvesse estado em estado de inocência, a serpente teria perdido seu tempo. Mas tudo isso devia ser.

Deus no-lo proibiu, diz Eva, sob pena de morte. A Vulgata diz *ne forte moriamur.* A palavra *forte* não está no original hebreu, e não se devia pô-la na tradução: ela não é indiferente para alguém que quer conhecer uma questão com justeza; é um advérbio dubitativo que altera o sentido: rogo ao santo intérprete que me perdoe: quis ele que por essa dúvida Eva aumentasse a audácia da serpente? Quis, pela incerteza que lhe supõe, torná-la menos criminosa? São Bernardo diz: *Deus affirmat, mulier dubitat, serpens negat*; mas o *forte* não é claro, e são Bernardo não se deu todo o trabalho que um sábio intérprete deve dar-se.

O demônio seduz a mulher dizendo-lhe que os olhos deles se abrirão uma vez que tiverem comido daquele fruto, e que se tornarão semelhantes a Deus, ou a deuses ou a anjos, ou a príncipes, pois o original pode significar tudo isso, *conhecendo o bem e o mal*.

Essas palavras selaram a sedução. A serpente a certificou de que eles não morreriam: a fez compreender que a proibição vinha de um Deus ciumento, que não queria vê-los tornar-se tão sábios quanto ele. Eva não supunha possível a mentira; e não sabia que quem lhe falava era a mãe da mentira. São Paulo escreve a Timóteo que o seduzido não foi Adão, mas Eva: aparentemente ele entende seduzido pela serpente; mas é por isso menos culpado? Ele o é cem vezes mais, e as palavras de Eva não deviam ter sobre ele, superior em luz e senhor, nenhuma força. As palavras da serpente, as de Eva, a sedução, a complacência, tudo é uma grande lição: nossos primeiros pais são de lamentar: cada um de nós, no lugar deles, teria cometido a mesma falta, e se queremos refletir bem, descobriremos que a cometemos todos os dias. Qual de nós, diz Bacon de Werulame, não se tornou infeliz por ter querido saber por experiência o que é o bem e o mal? Todos tivemos um pai, uma mãe ou homens sensatos que, dando-nos preceitos de educação, nos anunciaram todas as desgraças que nos são iminentes e nos ameaçam com nossa ruína se não nos preservarmos delas por uma boa conduta: mas essas sensatas advertências não fazem nenhum efeito na ocasião de nos perdermos. A mesma serpente que falou a Eva nos diz que aqueles que nos inculcaram esses preceitos não querem que nos tornemos tão sábios quanto eles, e nós caímos, e o arrependimento chega sempre fora de época e quando não há mais remédio. Ficamos envergonhados quando nos vemos chegados a certa idade sem reconhecer em nós experiência; os maldosos nos põem em derrisão, e a palavra *inocente* que nos lançam parece-nos mais injuriosa do que se tivessem razão de nos chamar criminosos.

Vários murmuram porque Deus, pela falta do primeiro homem, condenou toda a raça: a razão que se alega para defender a justiça de Deus é que a vontade de todo o gênero humano estava encerrada na de Adão. Essa razão, embora boa, não é compreendida por todo o mundo: cada um crê poder sustentar não lhe ter sido cúmplice. A outra razão é mais clara e de boa-fé; todo o mundo convirá que, no lugar de Adão, cada um de nós teria cometido a mesma falta, e o criador, para quem tudo está presente, lançou o fatal decreto sobre todos os descendentes do delinqüente. O profundo Horácio diz: *Saepe Diespiter neglectus incesto addidit integrum*.

Os que se surprendem por Adão ter sucumbido apesar de sua grande ciência, que não podemos contestar, não pensam nela. É preciso ver de que espécie era a ciência de Adão. Creio que consistia apenas em tudo que é abarcado pela história natural. A ciência de Adão não era a de Sócrates; ele ignorava o bem e o mal; é a definição de toda a moral: sua queda era inevitável.

O maior dos astrônomos, que passou toda a sua vida a estudar as matemáticas e a geometria sublime, deixa-se convencer a fazer uma fiança que, por falta do principal, o faz perder todos os seus bens. Esse homem não conhecia outros axiomas que não os de Euclides: ele permanece miserável e torna-se sábio sobre um artigo que considerava como nada. O que há de certo é que Adão, depois de seu erro, tornou-se infeliz, mas indubitavelmente mais sábio. Encontro nos Setenta uma cruel circunstância contra Eva: ali se diz que ela apenas levou o fruto proibido a seu marido depois de ter reconhecido sua falta: estou encantado por não estar convencido dessa particularidade. Eva teria sido um monstro, e várias de nossas mulheres valeriam mais que ela.

Versículos 6, 7

O fruto dessa árvore, portanto, parecendo um bom alimento à mulher, e achando sua figura muito agradável aos olhos e reconhecendo que o fruto dessa árvore era digno de ser desejado para obter a ciência do bem e do mal, ela tomou um desses fru-

tos, comeu dele e dele deu de comer a seu marido, que o comeu com ela. Então os olhos dos dois se abriram, e eles conheceram que estavam nus. Eles cozeram juntas folhas de figueira e para si fizeram calções.

Todo esse primeiro versículo demonstra que Eva não teve intenção de enganar seu marido, a despeito da opinião da Bíblia grega: parece mesmo que queria torná-lo feliz como ela mesma acreditava ter-se tornado; e, se estava convencida de ter faltado a seu dever, ela é desculpável por ter tentado fazer Adão cometer a mesma falta, pois em estado de inocência devia estar convencida de tornar-se menos culpada desde que seu marido não a desaprovasse: assim funciona o coração humano. Adão, em estado de inocência, talvez tenha acreditado, não a vendo morta nem mudada, que não devia ter menos coragem que sua mulher; e o comeu e no mesmo instante *os olhos dos dois se abriram.*

Fizeram-se sobre essas palavras comentários que positivamente provocam piedade. Quis-se tomar o sentido literal, e alguns disseram muito seriamente que nossos primeiros pais, antes da queda, eram efetivamente cegos: tal é a fúria dos comentadores; negar a significação da letra onde o partido mais razoável é o de segui-la, e segui-la exatamente quando indica uma extravagância. Santo Agostinho, por *seus olhos se abriram*, entende que seus olhos perceberam certos detrimentos da carne, que Adão em estado de graça não teria podido ver porque não se teriam mostrado, e eis a razão pela qual eles não podiam ter vergonha de estar nus antes do pecado. Semelhante interpretação é muito especiosa, temerária e bastante filosófica; pode-se rir dela apenas no caso de não a adotar: se a adotamos, torna-se séria e digna de reflexão. A opinião desse santo pai, contudo, não é análoga à que ele explicou na primeira glosa de *aperientur oculi vestri*.

Eles envergonharam-se de estar nus não pode significar senão *que haviam perdido sua inocência*. Os que cometeram um crime não são mais inocentes, e a verdadeira inocência não pode envengonhar-se de nada, pois exclui toda malícia. Ser-me-á permitida, porém, uma reflexão. Sua nudez não tinha nada de comum com a espécie de crime que haviam cometido. Por qual sensação, portanto, aconteceu-lhes de ter vergonha de estar nus, depois de ter cometido um crime de gula? Eles haviam abusado de sua liberdade e do uso de sua boca, e de seus dentes, e sua vergonha podia cair apenas sobre esses objetos, e cai, no entanto, sobre outras partes.

Eles cozeram folhas de figueira e para si fizeram calções. Estas palavras também foram muito examinadas. Todo o mundo traduz *folhas*; mas os que não podem conceder aos novos culpados uma agulha e linha, dizem que a palavra hebraica que significa *folhas* significa também galhos carregados de folhas, com os quais teriam podido cobrir sua nudez, sem ter tido necessidade de costurar. Depois desse subterfúgio, para fazer a apologia de uma circunstância tão pequena, são obrigados a traduzir mal a palavra *taphar*, que absolutamente significa *cozer*. Pode-se perder tempo com semelhantes misérias? Eles cobriram sua nudez e eis tudo.

Versículos 8, 9, 10, 11, 12

Eles primeiro escutaram a voz de Deus, que passeava no mesmo jardim ao vento daquele dia, razão pela qual Adão se escondeu, e sua mulher também, entre as árvores do jardim para evitar a presença de Deus. Deus chamou em voz alta Adão e lhe disse onde estás? Ele respondeu-lhe: escutei tua voz neste jardim e, tendo medo, pois estou nu, eu me escondi. Deus lhe disse então: quem te disse que estás nu? Terias comido do fruto da árvore da qual te proibi de comer? Adão respondeu-lhe: esta mulher que puseste comigo me deu ela mesma do fruto dessa árvore e eu o comi.

Deus que passeava, que chama Adão, que o interroga, que escuta suas más razões e todo o resto desses cinco versículos é com evidência, em sentido figurado, um diálogo da consciência de Adão face a seu dever. Moisés devia manter atento um povo indócil com narrações materiais, cuja substância era a verdade: talvez tenha querido dar-lhes com isso um documento sobre a administração da justiça, que não tolera que o culpado seja condenado sem ser ouvido; ele não lhes podia dar um exemplo mais impressionante. São Jerônimo diz que eles se esconderam sob a árvore da qual Eva tirara o fruto proibido. Fizeram-se perguntas quanto à hora e disse-se que faltavam quatro horas para o fim do dia. O caldeu diz *no repouso do dia* e o hebreu, no vento daquele dia. São Jerônimo diz que esse vento era o que sopra depois do meio-dia.

Se a história do mundo interior é verdadeira, o caldeu usaria a expressão mais própria. Os *megamicros* nunca têm noite no mundo interior: tendo um Sol firme e imóvel no centro, eles têm um dia contínuo; no entanto, a cada medida de vinte horas, têm seis de repouso geral.

Observemos que Deus reprova a desobediência apenas a Adão. São Bernardo diz que o que provocou a cólera de Deus, a ponto de dar a Adão uma punição tão grande, foi que Adão temerariamente, em vez de acusar-se, procura subterfúgios e lança a culpa sobre sua mulher Eva e, dizendo a Deus *foi ela que tu me deste como companheira*, parece que pretende acusar o próprio Deus de ser a causa de seu crime. Com essa glosa, são Bernardo atribui a Deus uma irritação que desonraria todo juiz mortal e, além disso, representa-nos Adão como um mau sofista.

Versículos 13, 14, 15, 16

Então Deus diz à mulher: que fizeste? A mulher respondeu-lhe: esta serpente me seduziu e eu comi. Por essa razão Deus diz à serpente: pois que fizeste isso, sê maldita entre todos os animais domésticos e entre todas as bestas da terra: rasteja sobre teu ventre e come pó por toda a tua vida. Além disso, ponho inimizade entre ti e esta mulher, e da mesma maneira entre tua semente e sua semente: ela esmagará tua cabeça e tu lhe esmagarás o calcanhar. Deus disse à mulher: Aumento muito tua dor, e também a de tua concepção, parirás filhos com dor: estarás sujeita a teu marido, e ele será teu senhor.

Lemos as condenações de Deus muito difusas, e diferentes à serpente, a Eva e a Adão. Mas não é ridículo para os intérpretes examinar se a serpente é mais inimiga da mulher que do homem? Escreveram-se volumes sobre essas particularidades. O que se pode observar é que Deus condenou a serpente a comer pó. As palavras deveriam esclarecer os comentadores, e corrigi-los do vício que têm de ater-se ao sentido literal quando o conhecimento da verdade, contrário a esse sentido, demonstra-lhes que é preciso abandoná-lo. As serpentes não se alimentam de terra nem de pó, mas de insetos e de animais aquáticos e voláteis: mas ainda hoje dizemos de alguém que está vencido, *ele morde o pó*. As palavras *ela te esmagará a cabeça* e as seguintes contêm uma profecia relativa à santa Virgem e, sem encontrar aí nada a censurar, adoro na piedade da interpretação a divindade da previsão.

Os que lêem a condenação da mulher sem lhe prestar toda a atenção necessária, dizem que sem a falta original ela teria dado à luz sem dor. Se prestassem atenção, veriam que Deus diz *aumento tuas dores*, e encontra-se nos Setenta *eu redobro*; assim, são Jerônimo, que é de opinião que, sem o crime de Eva, as mulheres paririam sem dor, engana-se; ele deveria dizer que paririam com menos dor. Mas eu pergunto como é possível ater-se ao raciocínio de santo Agostinho, que diz que *o parto sem dor teria sido a conseqüência da concepção sem prazer; porque no estado de inocência Eva não podia ter a sensação que se chama concupiscência*. Esse argumento é um sofisma, e a falsidade principal está na suposição: ele supõe que o prazer não é compatível com o estado de inocência. É preciso provar primeiramente que uma coisa que se faz sem prazer não pode ser a causa de um resultado doloroso: é preciso provar que uma agradável conseqüência jamais pode derivar de uma causa desagradável: é preciso provar que o estado de inocência deve excluir todas as espécies de prazeres: é preciso provar que o que se chama *concupiscência* não pode ser um prazer inocente no estado de inocência, e ninguém provará nenhuma dessas proposições. É preciso ter uma cabeça exaltada por uma prevenção cáustica para raciocinar assim, pois essa concupiscência que o criador, como disse são Paulo, uniu à natureza, e cuja conseqüência é a conservação do próprio indivíduo, e a procriação, jamais pode por si mesma ser criminosa, pois não vem da vontade, mas do instinto: apenas pode tornar-se condenável quando o arbítrio do homem vicioso a desvia de seu objeto; mas não é isso que santo Agostinho diz. Essa concupiscência, segundo ele, é uma punição. Por que não se lança ele também contra o prazer que o homem são e com apetite sente ao alimentar-se? A conservação da espécie depende da do indivíduo: se Deus não houvesse ordenado à natureza que proporcionasse prazer ao animal que cumpre essas duas funções, elas não passariam de duas tediosas e penosas tarefas, com as quais homem nenhum se preocuparia, a menos que alguém o pagasse para exercê-las, e ainda não creio que o homem quereria trabalhar para conservar uma vida na qual não saberia como fazer para obter o menor prazer. Santo Agostinho não ousa atacar mais que a concupiscência: permite o apetite, não proíbe os molhos, não acha mau que, antes de engolir, mastigue-se, que se cozinhe e se tempere o prato. Se deixou em paz a conservação do indivíduo, bem podia fazer o mesmo favor à da espécie.

A doutrina de santo Agostinho é sublime no mais das vezes, mas distingue-se em certos artigos em que se pode demonstrar que fez mal e ainda o faz. Um príncipe de Roma não tinha sucessão depois de doze anos de casamento; soube-se que essa desventura não vinha de uma impotência natural, mas de uma inatividade, cuja causa era a doutrina de santo Agostinho sobre essa matéria. Os que estavam interessados em ver-lhe descendentes falaram sobre isso ao próprio Papa, que era Bento XIV. Foi esse pontífice sábio e homem de espírito quem fez o príncipe abandonar seu erro, e ele teve sucessão e a casa existe ainda. A doutrina desse santo sobre a graça é de um espírito profundo; mas não se lhe poderia reprovar também alguma infelicidade? A heresia atribuída a Jansenius não é de Jansenius: mas isso seria objeto de uma investigação demasiadamente longa. Sou testemunha ocular das extravagâncias dos convulsionários.

Versículos 17, 18, 19, 20

Deus disse a Adão: porque escutaste a voz da mulher e comeste do fruto daquela árvore que eu te proibira, dizendo não comas deste, que a terra seja maldita para ti, come com dor suas produções por todo o tempo de tua vida: ela te produzirá espinhos e cardos, e comerás das ervas dos campos. Tu te alimentarás com o suor de tua fronte, até que voltes a ser terra, como foste formado dela; pois és pó e deves retornar ao pó. Adão deu à sua mulher o nome de Chaava, porque ela devia ser mãe de todos os homens vivos.

Deus reprova Adão por sua falta pela segunda vez, repetindo-lhe que lhe havia feito a proibição de comer daquele fruto. Tudo demonstra que Moisés jamais quis dizer que Eva tenha sido informada dessa proibição por outra voz que não a de seu marido, e eis a razão pela qual Deus trata Adão como o principal culpado. Deus puniu Eva porque ela não escutou as palavras de Adão, e puniu Adão porque escutou as palavras de sua mulher. Eva desobedeceu a Adão; Adão desobedeceu a Deus. Deus não fez a mulher responsável pelas faltas do homem. Essa doutrina é muito pura e os que vão procurá-la diferente nos comentadores de outra opinião buscam o erro.

A maldição que Deus dá ao homem é a pintura das misérias em geral, que obsedam o gênero humano; e aqui não é necessário ater-se exatamente à letra.

Tu és pó, e deves retornar ao pó indica o que eu já disse: não é necessário mudar o nome de *pó* para *limo*, pois realmente o cadáver não se torna *limo*, mas *pó*.

O nome de *Chaava* faz compreender a razão que o texto alega, e não o de Eva. Essa observação é de pouca conseqüência; mas está baseada na verdade.

Versículos 21, 22, 23, 24

E Jeová Deus fez para Adão e para sua mulher camisas de pele, e com elas vestiu-os. E Jeová Deus disse: eis o homem. É ele como um de nós, conhecendo o bem e o mal? Agora, portanto, trata-se de ver que, estendendo a mão, ele não tome também do fruto da árvore da vida, e que não viva para sempre, comendo-o. Assim sendo, Deus o pôs para fora do jardim do Éden, para que fosse lavrar aquela terra da qual fora tirado. Tendo assim expulsado o homem, ele estabeleceu na parte anterior do jardim do Éden querubins, e uma chama saindo por si mesma de uma espada para guardar o caminho por onde se ia à árvore da vida.

Aqui o texto hebreu quer que se fique restrito à letra, e não há escapatória, pois o termo *hor* significa *pele de animal*. As disputas sobre essa passagem foram incontáveis. Quem matou esses animais? Quem fez essas vestimentas? Como já se derramava sangue no paraíso terrestre? Não se decidiu nada: era preferível calar-se. O *Gênesis* relata esse fato positivamente, e isso basta para que não se possa duvidar dele. Moisés deve ter visto a objeção, e não se preocupou com ela: não pensou dever explicação dessa verdade à curiosidade; calando-se sobre isso, talvez tenha querido corrigir no homem a indiscrição e a pretensão de querer estar a par das menores circunstâncias, que dizem respeito à divina obra da criação.

As palavras de Deus, *eis o homem; é ele como um de nós* etc., tais quais estão no texto hebreu, são uma altiva reprovação do orgulho: a tradução de são Jerônimo as faz tornar-se uma cruel ironia. Que me seja permitido dizer que a ironia saindo da boca do criador não é oportuna; é insultante: é uma zombaria amarga. A conseqüência dessas palavras é que são precisos muitos outros privilégios para tornar-se semelhante a Deus. *É preciso agora fazer de modo que ele não possa, estendendo a mão, tomar também do fruto* etc. Essa passagem demonstra que Deus quis condenar o homem à morte natural, à qual ele estava sujeito no paraíso também, pois não podia tornar-se imortal senão pelo fruto da árvore da vida. Deus, conservando Adão no paraíso, teria podido proibi-lo de provar do fruto da árvore da vida; mas, declarado rebelde, não merecia mais do criador a confiança que ele lhe teria demonstrado por uma segunda proibição; é uma lição. Um senhor sensato deve abster-se de dar novas ordens a um ministro reconhecido como infiel. Deus quis certificar-se de não ser obrigado a sofrer uma nova ofensa; e o expulsou do paraíso.

Se alguém tem vontade de ler tudo o que se escreveu sobre o tempo da permanência de Adão no paraíso depois de sua criação, depois da de Eva, depois da transgressão da ordem de Deus até sua expulsão, anuncio-lhe uma longa leitura para aprender apenas que o partido mais sensato é de ater-se ao espírito da letra. Moisés nos fala da ação, e não nos dá a medida do tempo que nela foi empregado, e os que querem determiná-la apenas podem trabalhar em vão. Surpreende-me o douto e sábio padre Calmet, que diz que a opinião de Usserius, que pretende que a mulher não foi criada no paraíso, não tem nada que se oponha ao texto da Escritura, enquanto ela se opõe diretamente ao oitavo versículo do segundo capítulo do *Gênesis*. Usserius, doutíssimo irlandês, teve o vício predominante de todos os seus similares, que foi sempre o de adaptar o texto à própria opinião, em vez de se conformar ao que é dito claramente. Esse mesmo escritor infatigável diz que Deus deve ter criado Eva no dia primeiro de novembro. Não encontro ninguém que escarneça dele por essa decisão, e tem-se razão; pois Usserius determina o tempo às maravilhas, desde que se lhe concedam por infalíveis todas as suas suposições: é essa frouxa complacência que me faz rir. A cronologia nos permite estabelecer a idade da terra com uma diferença de dois ou três mil anos, e nessa enorme incerteza respeita-se um arcebispo irlandês que ousa declará-la sem deixar escapar um único dia.

Assim, Deus pôs Adão para fora do jardim do Éden. Não se pergunta como Deus fez para o pôr para fora, mas em que lugar de nossa terra Adão achou-se em seu país natal, tornado seu exílio. Se Moisés não diz nada sobre isso, como se quer sabê-lo? Talvez tenha sido na América; mas corro o risco de que me digam que ela ainda não fora descoberta: conheço muitos teólogos que me fariam de boa-fé semelhante objeção. Se é verdade que Adão encontrava-se no mundo interior, e se o mundo interior é tal como a história dos *megamicros* o pinta a mim, o caminho que era preciso mandar Adão fazer para sair de lá e subir à nossa superfície não pode ter sido fácil senão para o Senhor do universo. O mundo interior é muito uniforme em toda a sua área, e os próprios *megamicros* não poderiam, mediante o maior exame, achar mais verossímil a saída de Adão em um canto antes que em outro. Rogo ao bom leitor observar que, quando Moisés nos diz que Deus, depois de ter criado Adão, o fez ir para o paraíso terrestre, diz-nos em termos muito claros que ele o tomou e o transportou ao local voluptuoso que havia preparado antes de o criar. Foi portanto um lugar aonde, se Deus não o tivesse transportado, Adão jamais teria podido ir sozinho. Poderia eu dizer também como santo Agostinho que a autoridade da Escritura deve ter mais força que toda a sutileza do entendimento humano? Faço saber sinceramente a todos que me lerão o que penso: se o paraíso terrestre existiu, se existe ainda, e se apenas se pode buscar informações sobre ele na Bíblia, ele só pode estar no interior da terra, ainda que a história dos *megamicros* fosse uma fábula.

Deus estabeleceu na parte anterior do jardim Querubins, e uma chama saindo por si mesma de uma espada etc. Estas palavras do divino historiador, pelas quais nos quer fazer compreender a impossibilidade da volta do homem ao jardim voluptuoso de onde Deus o expulsou, deveriam também ter feito os curiosos perder a esperança de descobrir o local por onde Deus o introduziu em sua terra materna, pois o Espírito Santo não devia deixar ao homem curioso a facilidade de ir ver os Querubins e o fogo saindo da espada. Se nessa alegoria é lícito tomar ao pé da letra a significação de um única palavra, creio que essa deve ser o fogo. Ora, não encontro sobre nossa superfície outros fogos estáveis, e que o homem não tem o poder de extinguir, que não os fogos dos vulcões, e se são eles que fecham a entrada do paraíso terrestre, todo o mundo vê a impossibilidade de penetrar nele: e se o paraíso deve encontrar-se além desses lugares, não posso ver senão a parte interior de nosso globo. A suposição de que esse globo é apenas um enorme seixo parece-me absurda ou pelo menos muito vulgar. O que vemos na parte exterior nos impede de o julgar um grande fragmento de pedra vazio de espaço habitável: ela nos dá antes a idéia de um imenso testáceo cuja parte principal é o espaço interior, verdadeira habitação do animal que ele encerra. Os pequenos insetos que circulam sobre a superfície convexa não serão dessa opinião e, crendo-se os verdadeiros habitantes do testáceo, rirão dos que lhes disserem que o senhor do testáceo está dentro; mas é preciso deixá-los rir. Não há edifício, com exceção das estátuas de pedra e de madeira, das vigas e das balas de canhão, que o arquiteto faça em benefício apenas da superfície exterior: não há animal sobre a terra cujas partes interiores não sejam as principais para sua existência, e o próprio homem, chamado *microcosmo*, foi feito pelo criador para que seu interior fosse a nobre habitação de sua alma, e é apenas aí que a anatomia admira as maravilhas de que o olho humano não vê mais que o efeito sobre a circunferência exterior, miserável morada de bichinhos parasitas e de insetos produzidos por nossas exalações, que talvez pensem ser os únicos animais privilegiados que Deus criou e crêem que o homem, do qual tiram seu alimento, é um mundo imóvel feito pelo criador apenas para seu serviço. A superfície de nosso corpo não mostra mais que os órgãos de nossos sentidos, cujo grande mecanismo está no espírito interior quente e úmido que opera sobre o sangue, sobre os nervos e sobre o movimento das vísceras. Esta terra está na mesma condição: sua alma movente reside em seu interior e é a única a dar o alimento aos animais, às plantas e aos minerais.

À leitura da história dos *megamicros* vê-se o mundo interior cercado de fogos, de chamas, de águas, de trevas, de grutas, de lodos, que impedem de lhe conceber possível a entrada e a saída. A narração que Edouard fez do caminho que percorreu para entrar lá e do outro que sua felicidade o fez descobrir para sair dali, ambos espantosos, embora nos limites da possibilidade, põe o leitor em estado de penetrar verdades de que ninguém jamais desconfiou, e que não são por isso menos respeitáveis. Se alguém quisesse me fazer a mais conveniente de todas as objeções à verossimilhança dessa história, dizendo-me que, se Deus tornou esse paraíso inacessível por forças superiores a tudo, é temerário crer que Edouard tenha podido vencê-las, eu lhe responderei que Deus não é senhor de fazer um decreto irrevogável. Deus pode ter querido fazer a Edouard a graça de ir lá: o mundo interior pode ser o paraíso terrestre, e o homem apenas pode ir lá conduzido pela mão do Todo-poderoso, a quem as causas segundas servem, que age quando quer e em relação àqueles que quer tornar dignos de suas graças.

Os Querubins, que Deus pôs na guarda do paraíso, são a figura dos perigos medonhos e das dificuldades pavorosas e comumente insuperáveis que se opõem à aproximação do belo jardim. Moisés ali põe Querubins, que são entre os anjos aqueles cujo aspecto amedronta: dá-se a eles uma cabeça com chifres semelhantes aos de um boi. O termo Querubim aparentemente oferece aos ouvidos franceses um som agradável, que indica um indivíduo encantador: servem-se dele na linguagem preciosa para fazer elogios da beleza de certas crianças, que acreditariam degradar ao chamá-las bonitas ou belas como anjos.

Vários padres da Igreja, como Tertuliano e são Tomás, embora não se tenha querido incluí-los no número dos padres, disseram que a espada de fogo indica a zona tórrida, que deve servir de muralha ao mesmo paraíso. A Igreja deixa todo o mundo crer e dizer o que quer sobre o que ela mesma não se preocupa em saber. A zona tórrida abarca todo o globo e, por conseguinte, o hemisfério boreal, que é o nosso, jamais teria podido ter a menor comunicação com o austral: além disso, a zona tórrida é habitada por descendentes de Adão, os quais estão bem longe de achá-la parecida com o paraíso terrestre. Várias idéias barrocas dos santos padres surpreendem, com razão, vários leitores: elas são numerosas, é preciso saltá-las de pés juntos; esses pais conhecem apenas as coisas lá de cima. A de pôr o paraíso terrestre na zona tórrida assemelha-se à idéia de outro que colocou o inferno além do cabo Norte. Segundo esses doutores, deve-se arder de calor no paraíso e gelar de frio no inferno. Santo Ambrósio diz que o fogo que defende a entrada do paraíso é o do purgatório.

O quarto capítulo do *Gênesis* começa por nos dizer que Adão conheceu sua mulher, o que teve como conseqüência o parto de Caim. Os que dizem que essa passagem não demonstra que Eva tenha saído do paraíso virgem, porque o texto não diz que essa foi a primeira vez, estão enganados: para supor que ele já a tinha conhecido no paraíso, seria preciso supor também que ela concebera, pois Adão e Eva eram duas criaturas perfeitas, e a suposição do *concubitus sine Lucina* seria indigna, precária e injuriosa à natureza dos dois primeiros seres criados pela própria mão de Deus.

Termino aqui meu comentário, e declaro-me contente se meu leitor se encontra convencido, não de que a história dos *megamicros* é verdadeira, mas de que pode sê-lo não apenas porque na Bíblia não há nada que se oponha a essa probabilidade; mas porque se encontra em várias de suas passagens a prova da criação de um gênero humano que não é o nosso e a da existência de um mundo interior que pode ser o paraíso terrestre.

Previno o leitor de que na história dos *megamicros* ele jamais poderá achar que, se é um romance, o autor que a compôs tenha pensado em adaptá-la às particularidades que se lêem no santo livro: vê-se que ele quis apenas escrever para seu prazer um romance de uma espécie inteiramente nova; e, neste caso, foi apenas o puro acaso que me fez descobrir no mesmo santo livro provas autênticas de sua probabilidade. Se se pudesse provar que essa obra é uma verdadeira história, ela seria surpreendente; mas deixaria muito a desejar, no entanto, a alguém que quisesse encontrar nela tudo que a caracterizaria como verdadeira pelo testemunho do texto sacro.

Os que, indispostos contra minha interpretação, não terão outra coisa a dizer-me afora que não se lhe deve prestar nenhuma atenção porque fui o primeiro a fazer o *Gênesis* dizer o que jamais disse a nenhum de tantos hábeis intérpretes que o comentaram, não me dirão nada, pois sua razão será má: tudo que se disse de verdadeiro no mundo foi dito por alguém pela primeira vez. Direi mesmo que, de certa maneira, estou mais satisfeito por não encontrar minhas opiniões em nenhum escritor do que se tivesse tido de citar autoridades equívocas de alguns, nas quais se teriam descoberto os despropósitos em matéria de interpretações.

Minhas proposições são que Adão foi o primeiro homem que Deus criou sobre a superfície exterior de nosso mundo e que, depois dele, não criou outros; e por isso não posso ferir em nada a pureza de nossa religião. O outro homem que Deus criou antes de Adão foi um casal que ele não criou sobre nossa terra e, embora o tenha criado à sua imagem e o tenha abençoado, não se pode confundi-lo com Adão, pois Deus lhe deu uma natureza e uma forma inteiramente diferentes da nossa: criou-o no paraíso terrestre, onde seus descendentes podem estar ainda. O globo sobre o qual caminhamos deve ser a parte superior de uma abóbada que rodeia com uma atração oposta um espaço interior que, com um Sol em seu centro, contém o ar que os descendentes desse mesmo casal primeiro criado respiram. Esse mundo interior pode ser o paraíso terrestre. Tudo o que a Igreja faz, e que nos comunicou, é verdade; mas nem todas as verdades, que não se referem à fé, podem ser conhecidas pela Igreja: ela nem sequer está certa de que o Espírito Santo não possa fazê-la conhecer outras verdades antes do fim dos séculos. A Igreja instruiu-nos apenas sobre o que nos importa saber para nossa salvação eterna, e entregou ao nosso entendimento todas as outras verdades que não têm nada a ver com a religião e que podem contribuir para o progresso dos conhecimentos do espírito humano. Creio pela força de minha razão, e não me descubro desmentido pelas palavras da escritura santa, que a matéria existiu sempre e jamais deixará de existir, e digo ao mesmo tempo que sua coexistência com Deus apenas pode aumentar a glória divina, pois a matéria, sem Deus, jamais teria podido fazer nada, não tendo por si mesma nenhuma faculdade criadora nem nenhum poder ou inteligência independente da vontade do criador, único Todo-poderoso. Todos os que sabem ler vêem na santa Bíblia as palavras *criar* e *formar* empregadas indistintamente: não falo àqueles que não sabem ler. Ali jamais se diz *Deus criou* sem dizer de que ele criou, e isso basta para demonstrar que o santo livro jamais quis tentar nossa fé, exigindo de nós uma crença em alguma coisa que repugne à nossa razão, que nos qualifica como feitos à imagem de Deus. Os que crêem por ato de fé no que depende da razão são preguiçosos indignos da faculdade de raciocinar: os que aumentam sem necessidade os objetos da fé tornam mais difícil o caminho da salvação eterna; os que querem submeter à razão a inteligência e a substância dos mistérios são os destruidores dos mistérios; os que dizem que a mais profunda filosofia não é feita para chegar às mais sublimes verdades da teologia desonram a filosofia sem a conhecer, e fazem a teologia tornar-se a ciência dos ignorantes. A única religião possui as verdades que a teologia descobriu, e a teologia jamais as teria encontrado se a filosofia não as houvesse buscado. *Philosophia quaerit, Theologia invenit, Religio possidet.*

A Filosofia não é mais que a busca da verdade: os que não a procuram não a encontram; e os que a possuem apenas porque lhes foi anunciada têm somente o fraco mérito de a ter acolhido, e não se acham em estado de a defender.

Apêndice

Extrato do verbete sobre Casanova na *Enciclopoedia Britannica* (1978, Micropaedia, Volume II, página 606)

Giovanni Giacomo Casanova, cavalheiro de Seingalt – Veneza, abril de 1725; Boêmia (atual Duchor, Tchecoslováquia) junho de 1798. Eclesiástico, escritor, militar, espião, diplomata, particularmente lembrado como o príncipe dos aventureiros italianos e o homem que tornou o nome Casanova sinônimo de "libertino". Sua autobiografia, que talvez exagera algumas de suas extravagâncias, é magnífica descrição da sociedade do século XVIII nas capitais européias. Uma de suas obras mais interessantes, a novela de aventura fantástica, chamada Icosameron *(1788), antecipou a ficção científica.*

Casanova

Stefan Zweig

Casanova é no seio da literatura universal um caso extraordinário, um caso único da sorte, pois que o seu nome — nome de charlatão — desliza, sem nenhum direito para isso, para dentro do Panteão do gênio criador, tal como o nome de Pôncio Pilatos penetrando no Credo. A obra literária de Casanova não é mais sólida do que o seu título de Cavalheiro de Seingalt, que não passa de uma combinação de letras preparada com todo o desplante. Toda a sua produção literária limita-se a um par de versos rapidamente improvisados entre a mesa de jogo e o leito — versos acadêmicos, viscosos e saturados de almíscar. Para se ler até o fim o seu *Icosameron* é preciso ser-se um asno e um cordeiro ao mesmo tempo; e quando o nosso Giacomo começa a fazer suas filosofias, é-se forçado a cerrar os dentes com força para evitar uma série de bocejos. Não, não pertence à nobreza literária. Nesta como na outra, a do *Gotha* — é um parasita, um adventício, sem nenhuma classificação e sem nenhuma autoridade.

Casanova não é um gênio pelo modo como descreve sua existência e sim pelo modo de vivê-la. Na sua própria vida está toda a trama fina do artista: matéria e forma simultaneamente. Por isso as suas narrativas não precisam de adornos; nada pode acrescentar à fantasia ou à pena — basta-lhe ir traduzindo, decalcando no papel a própria vida.

Poder-se-á depreciar o nosso "honrado" amigo pela sua falta de moral ou pelo limitado de sua seriedade; poder-se-á refutá-lo e desautorizá-lo como historiador e reprová-lo como artista — mas o que não se pode fazer é dá-lo por morto, porque não conseguiu encontrar nenhuma novela mais novelesca do que a sua vida, nem nenhuma personagem mais fantástica do que a sua fantástica personalidade.

Apesar das suas extravagâncias e da sua precocidade no trato com as mulheres, aprende perfeitamente o grego, o francês, o hebraico, o espanhol e o inglês. Só o alemão não conseguiu aprender. Tem boas noções de matemática e filosofia. Aos dezesseis anos faz o seu primeiro sermão numa igreja de Veneza. Sabe tocar violino e é profissional durante todo um ano no teatro de São Samuel, e desse modo ganha a vida. Possui sólida cultura acadêmica, pois entende de Química, de Medicina, de História, de Literatura e também de ciências ocultas, como Astrologia e Alquimia. Além de tudo isso é bailarino, esgrimista, cavaleiro e profundo em jogos de azar. Sua inteligência é brilhante, sua memória tão prodigiosa que, aos setenta anos, recorda-se de todas as fisionomias, do que ouviu e do que leu.

Folheando o que deixou escrito, poder-se-ia crer que foi um grande filósofo, um enciclopedista, um novo Leibnitz. Deixou uma verdadeira novela, uma ópera, um ensaio de matemática sobre o cubo, um diálogo político com Robespierre, e não há dúvida de que se lhe pedissem para escrever a prova teológica de existência de Deus ou um Hino à castidade, não hesitaria um minuto em fazê-los.

Sua vida é ampla, múltipla, variada, fantástica, cheia de colorido, de tal modo que dificilmente se poderá encontrar outra semelhante no decorrer dos séculos. E quando ele se põe a narrar essa vida extraordinária, transforma-se — ele que nada queria ser — em um dos mais incomparáveis poetas de sua vida, e o é não por sua vontade, porém pela vontade dessa própria vida!

Encanta-o uma ária bem cantada; às vezes uma poesia o torna feliz; o que mais lhe agrada é uma conversação culta diante de uma garrafa de bom vinho; gosta de falar com pessoas inteligentes sobre algum livro; escuta uma boa música num teatro em penumbra, junto de uma mulher sedutora. Tudo isso aumenta o seu prazer de viver, a sua volúpia da existência.

Verdadeiro mestre, mago indiscutível é apenas numa coisa: no amor! É no amor um gênio perfeito. Seu corpo parece ter sido criado para o serviço de Vênus. A Natureza, geralmente tão avara, pôs neste caso, como num crisol, tudo o que podia ser agradável: sensualidade, força, beleza, e com isso formou um homem destinado ao prazer das mulheres; um macho, um varão robusto e atraente, um exemplar forte e ardente do sexo masculino.

Para ele nada há tão importante como a mulher, que coloca acima de todos os negócios, com o ímpeto torrencial e completo do seu ser. Não uma só, eleita, porém todas. Para Casanova o prazer de todos os prazeres é ver as mulheres felizes, vê-las entregues ao gozo, deliciosamente embriagadas de prazer, encantadas, sorridentes. Mesmo que abandonasse a todas, nenhuma o quereria de outro modo, senão como ele é, como foi: honestamente infiel na sua paixão!

Todo o seu segredo está na sinceridade do seu desejo e no modo de reagir da sua natureza passional. Parece singular aplicar a palavra sinceridade tratando-se de um homem como Casanova. Mas assim é. As suas relações são sempre sinceras e honestas, porque saem diretamente do seu sangue, dos seus sentidos, sem nenhuma mistificação. Causa pejo dizê-lo: mas é certo que a falta de honestidade no amor nasce sempre tão rapidamente quanto nela intervêm outros sentimentos mais elevados.

O seu corpo robusto não mente nunca, não exagera jamais sua tensão nem seus anelos, não passa nunca uma linha mais do que é realmente e pode conseguir. Só quando no amor intervém o espírito e se insinuam os sentimentos, esses sentimentos que, vazios, apontam o infinito — só então a paixão se torna exagerada e, pois, insincera, e nas relações materiais atuam as fantasias do espírito.

Casanova, que nunca vai além do físico, pôde facilmente manter o que prometia: prometeu prazer em troca de prazer e nunca deixou nas mulheres dúvidas sentimentais. Por isso elas não se consideram enganadas *post festum* — e assim nunca ficam desiludidas. Ele fez a felicidade de muitas e não deixou nenhuma histérica. Todas saem da aventura ilesas e dispostas para o amor dos seus maridos ou dos seus amantes.

As mulheres que se entregam a Casanova lembram-no como a um deus e recordam com prazer sua aventura porque não só não foram destroçados os seus sentimentos, não só não foram humilhadas na sua feminilidade, como parece que depois dele encontraram a si mesmas sexualmente.

Não há nenhum homem — seria inútil mentir — que não leia as *Memórias* de Casanova com certa inveja, e não tenha complascência com o ilustre mestre da arte de viver; e mil vezes prefira ser um Casanova a um Michelangelo, a um Balzac, ou a um Goethe.

Não é ele somente, é toda uma época, todo um século que aparece brilhante e iluminado no cenário, movendo-se dramaticamente, com seus contrastes emocionantes, seus episódios espantosos. E todas as camadas sociais, toda classe de sociedade, paisagens, ambientes, nações, se misturam em cores vivas: um quadro de costumes e de imoralidades ao mesmo tempo.

O defeito aparente de não querer aprofundar nem querer cristalizar sistematicamente, como Goethe ou Stendhal, os grupos, as classes e as sociedades é o que faz com que essa visão simples e total de Casanova tenha uma importância extraordinária para a cultura. Não trata de extrair leis nem cálculos daquilo que vê; expõe tudo desordenadamente, mesclado como a própria vida, como por acaso.

Por ninguém melhor do que ele se pode conhecer toda a vida normal do século XVIII: seus bailes, seus teatros, seus cafés, suas festas, suas salas de jogos, bordéis, caçadas, conventos, etc. Por ele sabe-se como se viajava, como se comia, se jogava, se bailava, se vivia, se amava, se divertia: os costumes, as maneiras, o modo de falar, o modo de viver.

Sem dúvida a figura máxima, a figura que passou a ser lendária, a figura essencial das *Memórias* continua sendo o próprio Casanova — mistura extraordinária de homem renascentista e moderno, bastardo de gênio e de canalha, de poeta e aventureiro; nunca ninguém se cansa de divertir-se com ele.

Nada mais inútil do que ir surpreender-lhe esconderijos psicológicos e secretos: não conhece nada disso. Fala com os lábios livres e vai desabrochando livremente tudo o que sente. Toma o leitor pelo braço e com aquela sua *façon* começa a contar-lhe sem hesitações as histórias mais íntimas. Leva-o a sua casa, mostra-lhe a cama e ensina-lhe seus segredos de embusteiro e de alquimista. Ao primeiro que se aproxima mostra-lhe a amante, ri ao referir-se às suas velhacarias, às suas espertezas no jogo e às suas fugas quando as coisas se põem demasiado perigosas. Mas conta-lhe tudo isso sem a perversidade de um Candaules, sem exibicionismo, ingenuamente, com essa bonomia inata e perfeita de um homem-criança que viu a Eva nua, mas que não comeu a maçã do pecado, que é a que permite que se possa distinguir o moral do imoral, o bem do mal.

Nem Goethe com o seu *Werther*, nem Kleist com *Kohlhaas*, nem J.-J. Rousseau com *Saint Preux et Heloise*, nenhum deles, nem nenhum dos novelistas do seu tempo, conseguiu dar a nenhuma das suas personagens tanta vida como soube fazê-lo esse *mauvais sujet* ao descrever a si próprio. Em toda a literatura mundial não temos um único retrato tão completo como este que soube fazer um homem que não era artista, a não ser da própria vida.

(Extraído de *Três poetas de sua vida*, Stefan Zweig.
Editora Guanabara, Rio de Janeiro, s/data.
Tradução de Aurélio Pinheiro.)

Casanova
Havelock Ellis

Há no mundo pouquíssimos livros mais deliciosos do que as *Memórias* de Casanova. Esta é uma assertiva que em vão e por longo tempo espero encontrar em letras de forma. É verdade que vez por outra tomamos conhecimento de que literatos importantes nutriram elevada consideração por esta autobiografia, consideraram-na mesmo a autobiografia ideal; que se ouviu certa vez Wendell Holmes defendendo Casanova, que Thackeray achou-o suficientemente bom para roubá-lo. Mas essas eminentes personagens — e muitos outros que porventura encontramos — mantiveram o segredo de sua admiração pelo livro em algum recôndito cofrezinho de seus corações: jamais o confidenciaram ao mundo cínico. Todo "homem de letra" devidamente enquadrado teve sempre como indiscutível que qualquer alusão pública a Casanova deveria começar e terminar com elevada reprovação moral de sua indizível torpeza.

[...]

Há pelo menos três aspectos de profundo e permanente interesse nas *Memórias* de Casanova. Em primeiro lugar, elas constituem importante documento psicológico que apresenta com plenitude e veracidade certo tipo humano em sua mais acabada realização. Em segundo lugar, como simples história de aventuras, e independentemente de sua autenticidade, as *Memórias* jamais foram superadas, tendo similares apenas em livros escritos com bem menor abrangência. Finalmente, temos nelas um quadro sem comparação do século XVIII europeu, em seus aspectos mais característicos.

[...]

Qual seria nossa palavra final sobre Casanova? É verdade que, embora — se é que não se deveria dizer porque — ele foi de forma heroicamente natural Casanova, não foi homem que se enquadre no padrão normal. Dificilimamente é facultado ao homem comum desenvolver habilidades tão versáteis e temerárias no cenário do mundo, ou conseguir tomar parte tão relevante dentro dessas habilidades. Todavia, também não são normais os santos e os filósofos: São Bernardo não foi normal, nem o foi Spinoza. E seguramente seria pobre o retrato do mundo que nos mostrasse São Bernardo e Spinoza e excluísse Casanova. *Vous avez l'outil universel* (Você tem a ferramenta universal) — dizia Fabrício a Gil Blas. O cérebro de Casanova foi bem essa ferramenta de uso universal e ele nunca deixou de empregá-la. Se buscássemos o tipo acabado de animal humano, no desenvolvimento máximo de sua vileza e astúcia, na plenitude de sua mais aguda inteligência, não sei aonde nos voltaríamos com mais segurança do que para as *Memórias* do auto-enobrecido Giacomo Casanova, Cavalheiro de Seingalt.

(Extraído de "Casanova" (do livro *Affirmations*) in *Selected Essays*, Havelock Ellis, Londres, 1943)

Frontispício do 1º volume da tradução brasileira das *Memórias* de Casanova. Exemplar da coleção da biblioteca da Oficina do Livro Rubens Borba de Moraes.

As *Memórias* de Casanova no Brasil

Em 1957 a Livraria José Olympio Editora publicou notável tradução das *Memórias* de Casanova. São dez volumes, em papel couché (ou similar), excelente editoração e fartamente ilustrados. A tradução de boa leitura é de Caio Jardim, Wilson Lousada e Álvaro Gonçalves. (Aparecera antes, pela mesma editora em cinco volumes e menos aparato gráfico.) Há um prefácio de Agrippino Grieco e ampla bibliografia. Traz o primeiro volume Nota da Editora, da qual extraímos os apontamentos abaixo:

"Procuremos julgar com compreensão aquele que — por circunstâncias várias, inclusive e principalmente pelo nocivo exemplo generalizado da época em que viveu — muito pecou, mas que, ao lado dos prazeres físicos, cultivou sempre com afinco os valores do espírito. Procuremos ter compreensão para com aquele que, *sponte sua*, por simples gosto, denotando seu apreço pelas elevadas cogitações mentais, traduziu do grego para o italiano, logo após os quarenta anos, a imortal *Ilíada* de Homero, em oitavas rimadas; para com aquele que, dos 55 aos 73 anos, foi invariavelmente, exclusivamnte, um infatigável trabalhador intelectual, que escrevia doze horas por dia. E sobretudo não atiremos a primeira pedra naquele que não se peja de, alto e bom som, confessar-se com tanta rudeza aos leitores: "Entrego-me ao seu julgamento sem disfarce algum, tal como sou".

Muita gente — a maior parte julgando de oitiva — anatematiza a obra só porque uma de suas constantes é a paixão amorosa.

Não, não estamos diante de um livro imoral. As *Memórias* são escritas em linguagem muito escrupulosa. Não há nelas, ao contrário de tantas obras realistas, nenhum vocábulo que fira, de leve, os olhos dos pudicos. (Veja isto leitor: Casanova, ao referir-se a certa jovem que, por distúrbios fisiológicos, não menstruava, diz: "aquela infeliz que não recebia o benefício mensal da Mãe Natureza".) Feita pesquisa para verificar o contingente da parte "galante" nas *Memórias* — isto é, contar as linhas que tratassem de coisas amorosas e as que se referissem a fatos de outra natureza — o resultado foi: apenas 10% são páginas de amor; 90% das *Memórias* constituem *algo mais duradouro* que o mero anedotário galante.

Afirma o professor Barthold:

Suas Memórias são a mais fiel e precisa pintura não apenas dos costu-

mes e da sociedade do século que precede a Revolução Francesa, mas também o reflexo da vida política em todas as suas personificações individuais, e espelho da Igreja, das diversas nações, dos preconceitos de casta, da expressão filosófica e mesmo da vida íntima de sua época. Quem, pois, melhor do que ele soube descrever a corrupção e a podridão moral da chamada alta sociedade, a leviandade inaudita, a arrogância provocante e a completa nulidade das classes privilegiadas, a pobreza de espírito, a baixeza e a perversidade do tempo do rococó? Quem, com a mesma intensidade, soube transmitir a degradação da vida do povo, a apatia dos cidadãos aterrorizados por um despotismo desenfreado? Quem jamais expôs a claridade tão luminosa a perversidade e a imoralidade dos príncipes, a vacuidade da política, as maquinações ignominiosas da diplomacia, os abusos da justiça, a vaidade daqueles que sustentam as rédeas dos governos, a velhacaria dos príncipes das finanças, desprovidos de toda consciência, a venalidade das autoridades e a brutalidade dos poderosos do mundo? Que historia-

dor, enfim, jamais descreveu tão escrupulosamente como os príncipes da Igreja, depravados e sem o menor escrúpulo, sabiam, em nome de Deus, reinar sobre os espíritos; como nos campos o clero e os nobres, escravos dos sentidos, excitados pelo egoísmo, rivalizavam em zelo e abominações para manter as massas na escravidão?

Sejamos indulgentes para com o lado galante da imortal obra de Casanova. O relato de suas aventuras nesse gênero foi o chamariz para que sucessivas gerações, nestes cento e trinta anos da existência da obra, compulsassem um livro cuja significação vai muito além, transcendendo o simples erótico e apresentando-nos vasto painel de costumes duma época curiosíssima, em admirável forma literária."

Trecho das *Memórias* de Casanova

O senhor Malipiero, que lá à sua maneira era um grande sábio, vendo que em Veneza eu não fazia senão perder tempo precioso em dissipação e prazeres, ficou muito contente com a notícia e a presteza com a qual eu me submetia à força das circunstâncias. Jamais esqueci a lição que me deu, por essa época.

— O famoso preceito dos estóicos — falou-me — *sequere deum* (segue o teu gênio), interpreta-se exatamente por estas palavras: abandona-te ao que te oferece o destino, desde que não sintas forte repugnância em ceder. Era o demônio de Sócrates — acrescentou — *saepe revocans raro impellens* (que muitas vezes detém e raras excita); e é daí que adveio aquele *fata viam inveniunt* (o destino sabe guiar-nos) dos estóicos.

Nisso consistia a ciência do senhor Malipiero, o qual era um douto sem ter estudado outro livro senão o da natureza. Entretanto, para provar-me que nada no mundo é perfeito e que todo direito tem seu avesso, querendo eu daí a um mês seguir seus conselhos, deu-se um fato que me fez perder os favores e a benevolência do senador.

Ele julgava reconhecer no semblante dos jovens os sinais denunciadores do absoluto império que sobre eles iria exercer a fortuna. Toda vez que lhe parecia perceber tais sinais, tomava a si a tarefa de instruir o seu portador, tornando-o apto a secundar a fortuna com uma sábia conduta. A esse propósito costumava dizer — e nada era mais verdadeiro — que a medicina é um veneno na mão dos incautos, do mesmo modo que um remédio na dos sábios.

O senador tinha então três favoritos pelos quais, no que respeitava à educação, fazia tudo quanto lhe era possível. Um desses era eu; os outros, com toda a graciosidade, eram Teresa Imer, que o leitor já começou a conhecer e conhecerá ainda melhor, em seguida, e a filha do barqueiro Gardela, a qual era três anos mais moça que eu, uma pequena encantadora.

A fim de colocá-la no caminho da fortuna, o especulativo ancião fazia-a aprender o bailado. "É impossível que a bola acerte, se não a jogarmos", dizia ele, referindo-se ao bilhar.

Esta graciosa jovem é a mesma que mais tarde, sob o nome de Augusta, brilharia em Stuttgart. Foi a primeira amante oficial do Duque de Würtemberg, em 1757. Vi-a pela última vez em Veneza, onde morreu há dois anos passados. Seu marido. Miguel dell'Agata, envenenou-se pouco depois de sua morte.

Certo dia, após ter-nos feito jantar com ele, o senador retirou-se para o "quilo", como de hábito. A pequena Gardela, que tinha aulas a tomar, saiu daí a poucos instantes, deixando-me, pois, a sós com Teresa, que por esse tempo me atraía muito, embora não lhe fizesse a corte. Como estivéssemos sentados, um ao lado do outro, a uma pequena mesa, de costas para a porta do gabinete onde críamos adormecido o nosso velho amigo, veio-nos a vontade, não me recordo a que propósito, de verificar a diferença de nossas conformações. Estávamos no ponto mais interessante do exame, quando uma bastonada em minhas costas, seguida de outra, e a que se seguiriam ainda outras se eu não fugisse, nos obrigou a deixar tudo em meio. Fugi, pois, em carreira desabalada, sem chapéu nem casaco, e fui encerrar-me em minha casa. Mal havia passado um quarto de hora, procurou-me ali a velha governanta do senador, com aqueles dois objetos e um bilhete do velho, em que este me intimava a não mais pôr o pé em seu palácio. Sem perder um segundo, redigi nestes termos a minha resposta:

"O senhor bateu-me dominado pela cólera e portanto não se pode gabar de me ter dado uma boa lição; não tirei dela nenhum proveito. Só poderia perdoar-lhe esquecendo que o senhor é um sábio, e isso jamais esquecerei."

O senador tinha de fato razão em não se mostrar satisfeito com o espetáculo que lhe havíamos dado. Mas, não obstante a sua prudência, agiu impensadamente, porque os serviçais descobriram o motivo do meu banimento: e toda a cidade se riu desse caso. Em verdade, ele não ousou nunca fazer censuras à bela Teresa, segundo me disse ela mais tarde; entretanto, como era natural, a pequena não se atreveu a pedir-lhe que me desculpasse.

(Parte do Capítulo VI das *Memórias*,
volume I, páginas 302/304, da edição da
Livraria José Olympio Editora)